監修者——五味文彦／佐藤信／高埜利彦／宮地正人／吉田伸之

［カバー表写真］
「平泉の落日」(板垣真誠画)
全盛期都市平泉の風景

［カバー裏写真］
「中尊寺金色堂」

［扉写真］
柳之御所遺跡発掘風景

日本史リブレット 18

都市平泉の遺産

Irumada Nobuo
入間田宣夫

目次

●――平泉藤原氏三代画像　清衡(上)・基衡(右下)・秀衡(左下)を描く。江戸時代の作。

▼奥六郡　古代国家の辺境を防衛するために設定された特別軍管区。北上川中流域に広がる六郡(胆沢《いさわ》・江刺《えさし》・和賀《わが》・稗貫《ひえぬき》・志波《しわ》・岩手)からなる。その南の境界が、衣《ころも》川である。

▼鎮守府将軍　二三ページ参照。

みちのくの京都か、鎌倉か

平泉藤原氏《ひらいずみふじわら》は、安倍《あべ》・清原《きよはら》の両氏に続いて登場した北奥羽《おうう》の軍事首長《しゅちょう》であった。それが、奥六郡《おくろくぐん》▲の境界を越え、平泉に宿館《しゅくかん》(政庁)を移して、中・南奥羽に勢力を伸ばし始めたのは、初代清衡《きよひら》の一一〇〇(康和《こうわ》二)年の辺りであった。清衡の晩年には、北奥羽全域から夷《えぞ》が島《しま》(北海道)方面におよぶ勢力を築き上げることに成功している。二代基衡《もとひら》の時期には、南奥羽にまで勢力を拡大している。三代秀衡《ひでひら》の時期には、鎮守府将軍《ちんじゅふしょうぐん》▲・陸奥守《むつのかみ》の官職にのぼりつめて空前の栄華を現出することになった。しかし、四代泰衡《やすひら》の一一八九(文治《ぶんじ》五)年には、鎌倉殿《かまくらどの》　源頼朝《みなもとのよりとも》の大軍に攻められて滅亡するにいたった。

歴代の当主は、御館《みたち》と称された。その称号の基になった宿館、すなわち平《ひら》

平泉藤原氏略系図

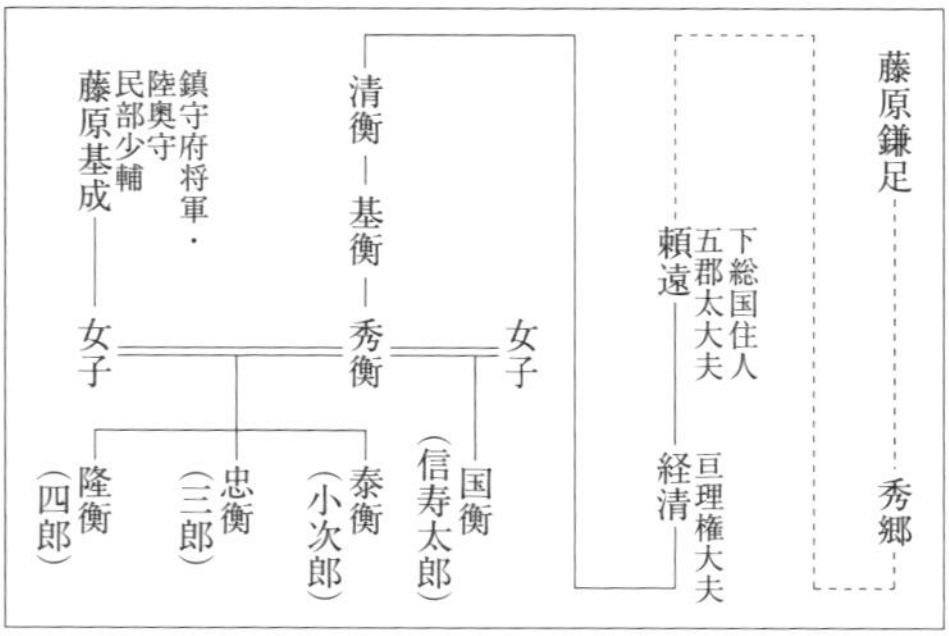

泉館《いずみのたち》の威容は、失われてしまった。高屋《たかや》が建ちならび牛車《ぎっしゃ》が行き交う街路の賑わいも、消し去られてしまった。けれども、彼ら歴代の御館によって造営された大規模な寺院は今日まで存続して、観光客を迎え入れている。清衡の中尊《ちゅうそん》寺《じ》、基衡《もとひら》の毛越寺《もうつうじ》がそれである。秀衡の無量光院《むりょうこういん》は火災によって消滅したが、基壇《きだん》・礎石《そせき》・園池《えんち》・中島《なかじま》ほかの遺構が残されていて、大伽藍《だいがらん》の雰囲気を今日にしのばせてくれる。

これまで、平泉は、みちのくの京都と称されることが多かった。すなわち、京都にならって設計された古代的な都市として描きだされることが多かった。具体的には南北大路を基軸とする碁盤《ごばん》の目のような町割をほどこされた計画都市だったというのである。いいかえれば、遠く中国長安《ちょうあん》のモデルに由来する国際色に彩られた計画都市だったというのである。そればかりではない。京都に同じく、「四神相応《ししんそうおう》」の地として、青龍《せいりゅう》(東河)・白虎《びゃっこ》(西道)・朱雀《すざく》(南沢)・玄武《げんぶ》(北山)に囲まれた、めでたい土地柄として、祝福されることも多かった。

しかし、最近では違っている。そのような伝統的な歴史像では、平泉の実態に合致しないとする声が多く聞こえてくるようになった。南北大路を基軸とす

●—全盛期の都市平泉復元画(板垣真誠作画，入間田宣夫監修)

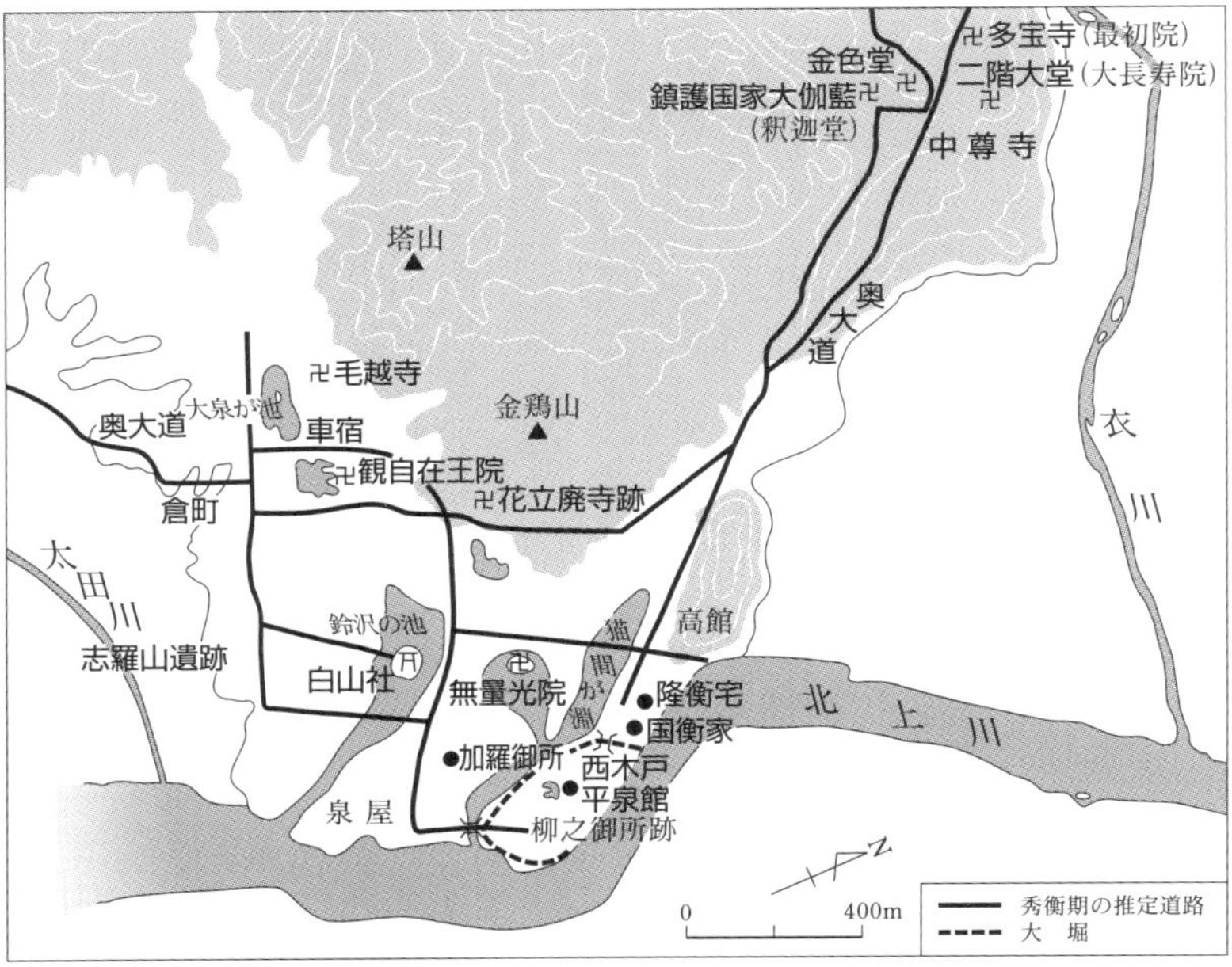

●—全盛期の都市平泉略地図

る町割はなかったとする意見が多くだされるようになった。「四神相応」の地として観念的に評価するよりも、北上川《きたかみ》の舟運や奥大道《おくだいどう》▲の陸運にめぐまれ、南北二つの世界の境界に位置する政治経済上の拠点として、現実的に評価する傾向が強くなった。さらには、京都にならった古代的な公家《くげ》風の都市ではなく、鎌倉の先輩にあたる中世的な都市として、具体的には仏教の日本的なモデルに基づいて建設された武家《ぶけ》風の都市として、平泉をとらえようとする考え方が提起されるようになった。

たいへんな変化である。平泉は古代都市だと学生時代に教えられた筆者ならずとも、戸惑わずにはいられない。

このような事態を生み出した原因については、さまざまなことが考えられる。考古学による発掘・調査のめざましい発展が真っ先に考慮されるべきことについては、万人が認めるところであろうか。そのインパクトによって、歴史学による文献史料の見直しが進められたことが、ついで考慮されるべきことについても同様であろうか。そのうえに、美術・工芸、仏教・思想ほか、各方面における研究の進展をあげることができるであろうか。

▼**奥大道**　白河の関(白河市)から外《そと》が浜《はま》(青森市陸奥湾岸)にいたる奥州の幹線道路。その奥六郡以北の道筋は、平泉藤原氏が登場するころに開削されたとみられる。

ただし、これらの学問分野が個々ばらばらに作用したということではない。発掘・調査によって姿をあらわした重要な遺跡の保存を求める取組みのなかで、考古学・歴史学ほかの研究者による密接な連携がかたちづくられたことが大きい。そのなかで活発な意見交換が行われて、学際的な研究が進められたことが大きい。

さらにいえば、この間における歴史学の流れが、京都など、国家の中心から地方をみおろすような方向性から、地方の現場から人びとの暮しの実際に即して考えようとする方向性に変化したことも大きい。

いずれにしても、平泉の歴史像をめぐる最近の研究状況には目を離すことができない。そのうえに、平泉の文化遺産が世界文化遺産のリストに登載された(二〇一一〈平成二十三〉年)となれば、なおさらである。われわれも、平泉の現場で、研究状況に気配りしながら、あちこちを歩き回り、人びとの暮しの実際について、自分の目で確かめてみることにしたい。

そのための心覚えとして、本書が役立つことができれば、うれしい。本書における考古学方面の記述に関しては、平泉町世界遺産推進室八重樫忠郎氏にチエックしてもらうことができた。掲載写真の多くについても、八重樫氏のお世話になっている。おかげで、溝跡や柱穴に足をとられずに、安心して歩き回ることができそうだ。

①—平泉館・加羅御所・無量光院の三点セット

柳之御所遺跡

都市平泉《ひらいずみ》を乗せている広大な台地のうち、北上川《きたかみ》をみおろす東辺に位置するのが柳《やなぎ》之《の》御所《ごしょ》遺跡である。一九八八(昭和六十三)年から始まった発掘・調査によって目をみはるような遺構・遺物が大量に出現し、九七(平成九)年に国指定の史跡として保存されることが決まった。全国的に有名な遺跡である。

最近では、日本史の教科書や辞典に取り上げられるなどして、知らない人がいないような状態になっている。現場では、発掘・調査に併行して、整備作業が進められている。それによって、大型建物の柱があった辺りや、園池《えんち》の水際のライン、それに長大な空堀《からぼり》の一部などが、身近に見学できるように工夫されている。そのうえに、柳之御所資料館▲が近くに建っていて、貴重な遺物を展示するとともに、都市平泉の全体的なイメージをわかりやすく教えてくれている。都市平泉を歩くのには、この辺りから始めるのがベストかもしれない。

遺跡の広がりのなかに立って、東方に目をやれば、北上川の豊かな流れを挟

▼**柳之御所資料館**　柳之御所遺跡から発掘された遺物を展示する。一九九九年、建設省岩手工事事務所によって開設された。平泉郷土館・平泉文化史館とならんで、都市平泉を知るうえで不可欠の展示施設になっている。

柳之御所遺跡

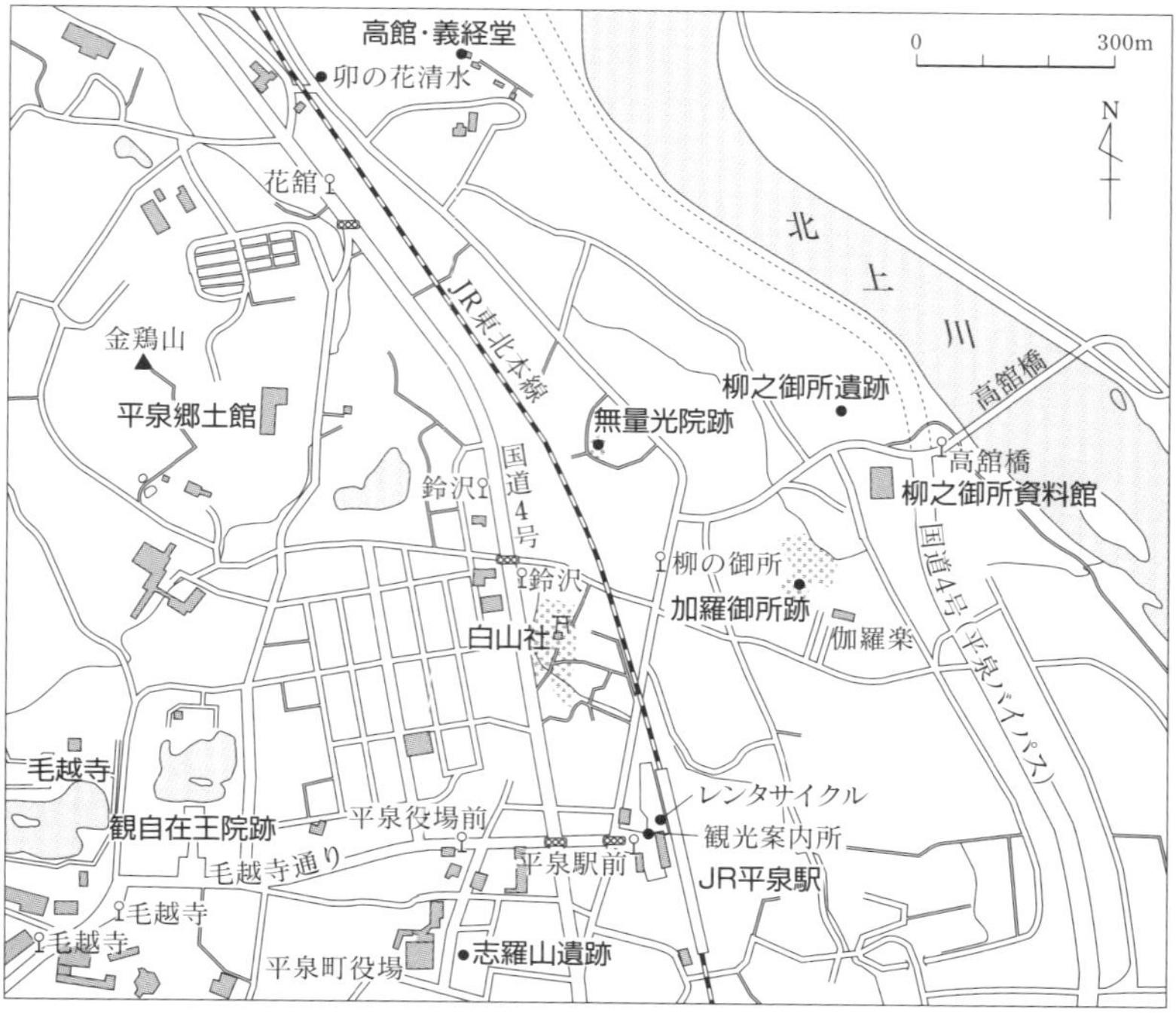

●—柳之御所遺跡・加羅御所跡・無量光院跡地区案内図

●—空からみた柳之御所遺跡周辺

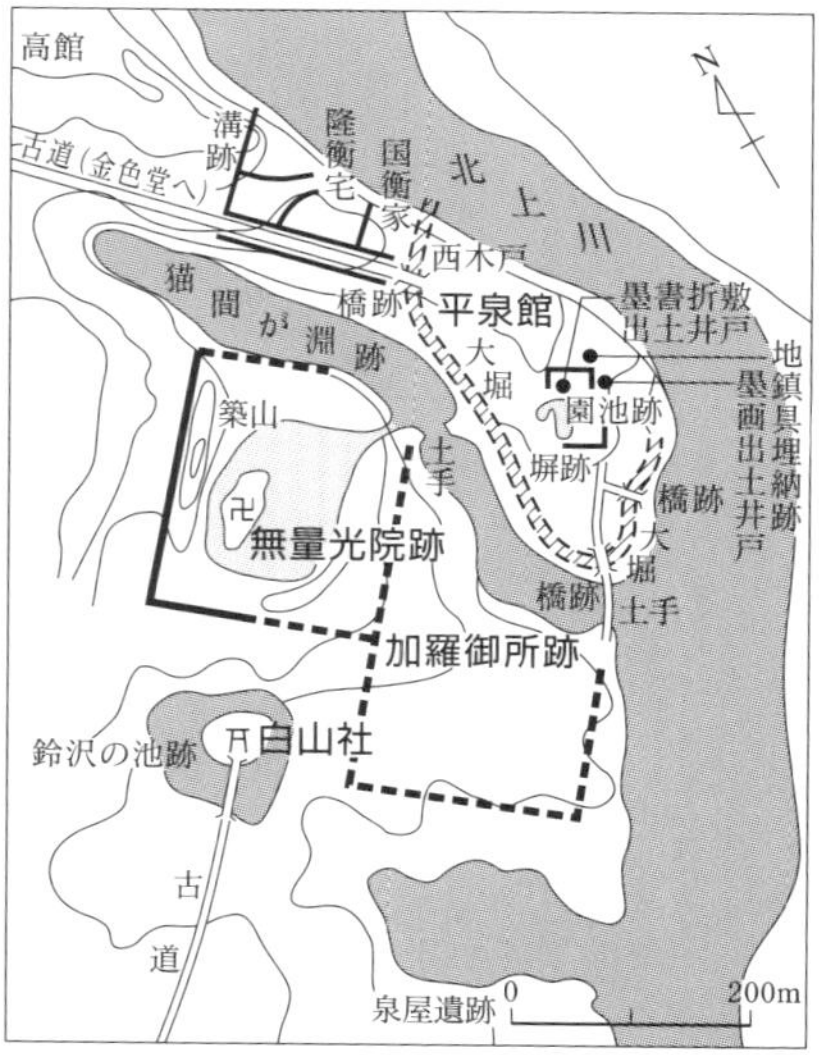

●—平泉館・加羅御所・無量光院略地図

んだはるか向こうに束稲山《たばしねやま》の雄大な姿が横たわっている。三代秀衡《ひでひら》をたずねてきた西行《さいぎょう》が、「聞きもせず　たはしね山の　桜ばな　吉野《よしの》▲の外にかかるべしとは」(『山家集《さんかしゅう》』)と感嘆したのは、この辺りからの眺望によるものであったろうか。西方に目をやれば、中尊寺金色堂《ちゅうそんじこんじきどう》の山容が望まれる。南どなりには、猫間《ねこま》が淵《ふち》の低地を挟んで、無量光院《むりょうこういん》や加羅御所《からのごしょ》の遺跡が広がっている。北どなりには、高館《たかだち》の山腹が間近に迫ってくる。すばらしい景観である。

柳之御所遺跡は、ほかでもない、その秀衡の宿館《しゅくかん》であった。すなわち、都市平泉の政治的なセンターとして、行政の実務を執行するとともに、儀式を挙行し、あわせて宴会を催すという、今日でいえば、県知事公舎にして、県庁・イベントハウス(大会議場)・迎賓館をかねあわせたような多目的の施設であった。平泉館《ひらいずみのたち》ともいう。

秀衡については「奥州《おうしゅう》の猛者《もさ》▲」、「将帥累世《しょうすいるいせ》の家に生まれ、勢徳希世《せいとくきせい》の人なり、しかるに仁義《じんぎ》性を受け、仏法心に刻み」などの世評が伝えられている。京都方面における記録類によって、それが知られる。

秀衡が鎮守府将軍《ちんじゅふしょうぐん》に任命されたのは一一七〇(嘉応《かおう》二)年、同じく陸奥守《むつのかみ》に

▼**吉野**　日本一の桜の名所として、古くから知られる。奈良県吉野町にある。

▼**猛者**　平安後期、諸国の軍事首長(地方豪族)は、猛者と呼ばれた。国司に勝るとも劣らない権勢をふるったことが知られる。

任命されたのは八一（養和《ようわ》元）年のことであった。清衡《きよひら》・基衡の代には望むべくもなかった役職である。彼ら父祖の世代には、陸奥・出羽押領使《でわおうりょうし》の役職がせいぜいのところであった。今日でいえば県警本部長にあたるような役職に任命されることによって、奥羽《おうう》の覇者としての面目を保ってきたのであった。それが、軍管区司令官や県知事にあたるような役職に任命されることになったのだから大違いである。社会的地位（ステータス）における格段の上昇である。

秀衡の側近だった豊前介実俊《ぶぜんのすけさねとし》は、源《みなもとのよりとも》頼朝に対して物語っている。「秀衡は父の譲りを得て、絶えたるを継ぎ、廃《すた》れたるを興す。将軍の宣旨《せんじ》を蒙りて以降、官禄父祖を越え、栄耀《えいよう》子弟に及ぶ」と。そのとおりである。つけ加えるべき何ものもない。

秀衡の宿館、平泉館

鎌倉幕府《かまくらばくふ》の編纂した歴史書『吾妻鏡《あずまかがみ》』（文治《ぶんじ》五〈一一八九〉年九月十七日条）には、都市平泉を特徴づける寺塔ほかのランドマークを列挙し解説した貴重な文書が、そっくり、そのまま、引用されていた。題して、「寺塔已下注文《じとういかちゅうもん》」という。

●—かわらけ出土状況

この文書は、都市平泉が鎌倉勢の占領下に入ってまもなく、中尊・毛越寺《もうつうじ》などの僧侶によって記され、鎌倉殿源頼朝の陣中に持参されたものであった。滅亡した藤原《ふじわら》氏にかわって、鎌倉殿が大旦那《おおだんな》として寺々を盛り立て、ひいては都市平泉の繁栄をバックアップしてくれることを願うために記されたものであった。そこには、都市平泉の威容をアピールして、なんとしても、頼朝の心を動かしたいという必死の気持ちがこめられていた。この注文が全盛期における都市平泉の姿をあざやかに描きだす稀有《けう》の文書となったのには、そのような切迫した事情があったのである。

この注文に、「館《たち》のこと、秀衡」という表題で、「金色堂の正方、無量光院の北に並べて、宿館を構える」とする記事がみえていた。同じく、その宿館を「平泉館と号する」とする記事もみえていた。そこに記された秀衡の宿館ないしは平泉館に、柳之御所遺跡は相当するものと考えられる。

中尊寺金色堂の正方(正面方向)、無量光院の北側という遺跡の位置関係が、注文の記載に一致することがその理由である。そのうえに、遺跡からは、あとに記すように、十二世紀後半、秀衡の時期に相当する大量の遺物が、なかでも

●──ロクロ製かわらけ(右)と手づくねかわらけ

秀衡の身内《みうち》の名前を墨書した折敷《おしき》(平膳)の杉板が発掘されている。それならば、ますますもって然るべしといわざるをえない。

宿館とは何か

宿館とは本来、京都から赴任した国司《こくし》の宿所を意味する言葉であった。その宿所で政務が行われるようになるにつれて、しだいに政庁としての色彩を濃くして、十二世紀の辺りには、宿館といえば国司の政庁を意味するように変化していた。さらには、国内の有力豪族《ごうぞく》が台頭してくるにつれて、国政に関与する度合いを強くして、彼らが住まいする居館《きょかん》をも、宿館と呼ぶように変化していた。宿館は館《たち》とも呼ばれた。庁《たち》に通じる意味合いから、そのような呼び方になったのであろうか。いずれにしても、秀衡の宿館ないしは平泉館が、そのような地方豪族の居館の典型だったことには変わりがない。多賀城《たがじょう》の陸奥国府《こくふ》にあった国司の宿館を現在の県庁にたとえるならば、秀衡の宿館・平泉館(以下、平泉館と略記する)は郡部に新設された第二の県庁ということになるであろうか。

秀衡の平泉館には、「奥州《おうしゅう》羽州《うしゅう》両国省帳《しょうちょう》田文《たぶみ》已下《いか》文書」(国政の基本台帳)が備

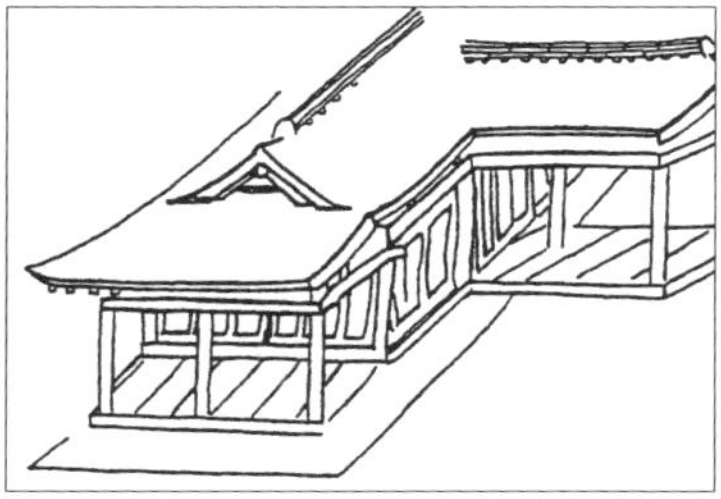

●折敷に描かれた建物（川本重雄「寝殿造の絵画資料」より）

●白磁四耳壺片

えられていた。豊前介実俊・橘藤五《きつとうご》実昌という京下りの実務官僚（清原《きよはら》氏出身）の兄弟が勤務して、行政の取りしきりにあたっていた。鎌倉幕府にさきがけて、武家《ぶけ》の政庁として実態を整えていた。

平泉館の遺跡が「柳之御所跡」と呼ばれるのは、近世になってからである。源《げん》氏《じ》将軍義経《よしつね》の居所だったとする伝説が流布するなかで、将軍の居所を意味する「柳営《りゅうえい》」の言葉が選ばれ、それが変化して「柳之御所跡」の表現が生まれたと考えられている。

京都風のかわらけ片から長大な空堀跡まで

柳之御所遺跡からは、秀衡の全盛期に相当する遺物が大量に発掘されている。なかでも、京都風の盛大な宴会に用いられ、翌朝に捨てられた数え切れないほどのかわらけ片（土器片）が、人びとの関心を引きつけている。京都風の寝殿《しんでん》造《づくり》を想わせる建物が描かれた杉板が、井戸状の穴底から検出されて話題になっている。宴会の最中に、即興の和歌を書きつけたと想われる杉板もあった。それらの杉板は、宴会に使い捨てられた折敷が、地下の冷水によって保護されて

▼年輪年代学　樹木の年輪幅は気候変動に即応して微妙に変化する。それに着目して、古い木材の年輪幅を計測し、類例と比較・対照することによって、その木材が生きて樹木として成長していた年代を割りだす学問的手法。

●——トイレ遺構（右）と籌木

腐ることなく奇跡的に残されていたものである。同じく酒をいれるために珍重された中国渡来の白磁《はくじ》の四耳壺《しじこ》片も、検出されている。ただし、白磁珍重の感覚は、京都風ではなく、どちらかといえば、在地風だったらしい。

　それらの杉板の原木が伐採された年代は、年輪年代学▲の手法によって、十二世紀第３四半期に相当することが明らかにされている。同じく、手づくねの京都風のかわらけや白磁の四耳壺についても、形態の比較・検討によって、多くが十二世紀第３四半期に造成または輸入されたことが推定されている。すなわち、遺物の多くが秀衡の全盛期に相当することが解明されている。

　寝殿造風の大型建物は、杉板に描かれていただけではない。それが実際に設営されていたことが、残された柱穴によって確認できる。大型建物の前庭には、園池が設けられていて、これまた京都風の趣味をあらわしていた。その汀《みぎわ》の玉石を敷き詰めたラインが、発掘によって確かめられている。

　それらの中心的な施設を取り囲む区画（板塀）の外側には、多数の小規模な建物が設営されていたことが確認できる。中心的な施設における儀式・宴会を準備するスタッフが詰めていたのであろうか。その辺りには、トイレの穴が多数

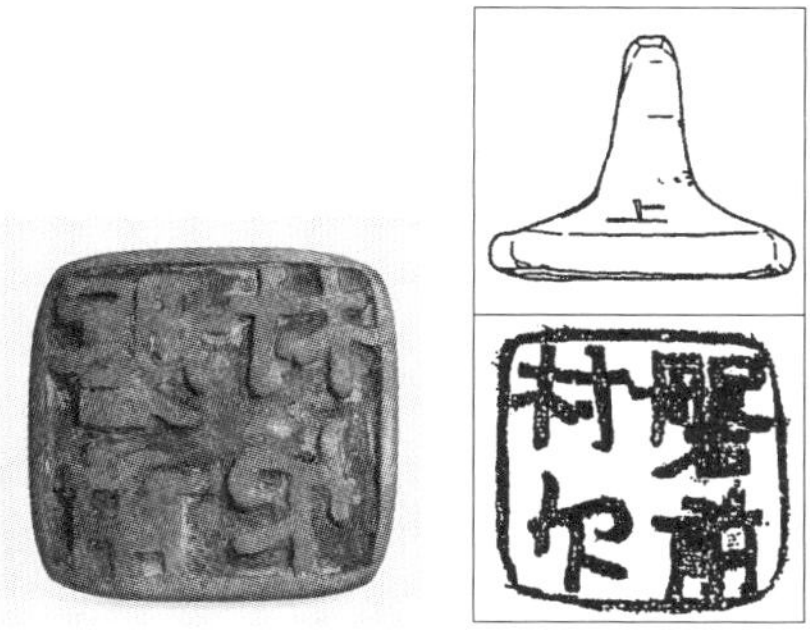

磐前村印

硯片

みつかっている。腐らずに残された瓜《うり》の種子や籌木《ちゅうぎ》（クソ篦《べら》）によって、それと知られる。顕微鏡によって、サナダムシほか、寄生虫の卵も検出されている。

だが、この遺跡のなかに、奥羽両国の統治に必要な文書類を備え、役人（行政官僚）が勤務する建物が、鎌倉幕府でいえば、公文所《くもんじょ》や政所《まんどころ》のような建物があったことを裏づける遺構は、塀の内側でも、外側でも、検出されていない。とはいうものの、「磐前《いわさき》村印」の文字がきざまれた銅印が井戸跡から出現している。古代国家によって鋳造された郡印などに似通った堂々たるつくりである。このようなものが持ち込まれていたのだとすれば、関係する役人が勤務していたのにちがいない。今だって、印鑑と役所には密接な間柄が認められるのだから。そのうえに、硯《すずり》片も出土している。役人が使用したものらしい。それならば、いずれ将来に、役所の遺構が確かめられることになるにちがいない。同じく、大勢の武者が詰める侍所《さむらいどころ》のような建物も確かめられることになるにちがいない。

台地が北上川の河川敷《かせんじき》に落ち込む辺りや、同じく台地が猫間が淵の低地に落ち込む辺りには、長大な空堀がめぐらされていた。軍事的緊張感にあふれた光

●—大堀の発掘

景である。このようにして外敵の攻撃に備えることは、北奥羽の軍事首長《しゅちょう》の伝統的な思考様式に従ったものと考えられる。安倍《あべ》・清原の両氏の居館においても、台地の縁に空堀がめぐらされていたことが知られる。この長大な空堀の辺りに立ってみれば、平泉館の主人公は在地に根ざした武家の棟梁《とうりょう》だったのだと、改めて痛感しないわけにはいかない。

長大な空堀を越えた西側だけは台地続きになっていて、屋敷地を想わせる区画や建物・井戸・道路の跡などが検出されている。道路跡は真っ直ぐに西に向かい、中尊寺金色堂をめざしている。道路からはずれて斜め前方に進めば、高館の山腹に取りつくことができる。

「寺塔已下注文」には、秀衡の平泉館に続けて、「西木戸に嫡子国衡《くにひら》の家あり、同じく四男隆衡《たかひら》の宅、これに相並ぶ」と記されていた。それによって、平泉館の西木戸を出た、この辺りに、国衡・隆衡の家宅があったことが確実である。これまでの伝承では、毛越寺近くの八花形《やつはながた》が、彼らの居所とされてきたが、それはあたらない。ただし、今のところ、国衡・隆衡の家宅だといえる遺構は、検出されていない。発掘・調査の今後の進展に期待するほかはない。

人々給絹日記

そればかりではない。遺跡の主人公に関する具体的な情報を記した珍しい遺物が発掘されている。通常の遺跡では、年代を推定するのが関の山である。遺物や遺構に主人公の名前が記されていることなどは、めったにあるものではない。ところが、この遺跡では、秀衡の全盛期に相当することを推定させてくれるにとどまらず、秀衡その人が遺跡の主人公だったことを教えてくれる遺物が発掘されたというのだから、驚きである。

その珍しい遺物とは、「人々給絹日記《ひとびとにたまうきぬのにっき》」と題して、人びとの名前に絹織物の装束《しょうぞく》のリストをあわせて墨書した杉板であった。これまた、宴会における折敷に使用されたものであった。それが、日記▲(メモ)を書きつけるのに再利用されて、これまた井戸状の穴底に廃棄されて、奇跡的に残されていたものであった。八〇〇年余りを超える長時間を経てきたとは想えない墨色があざやかである。

その日記には、一〇人余りの人びとの名前が列記されていた。同時に、それらの人びとに給与すべき装束がリストアップされていた。たとえば、信寿太郎《しずたろう》

▼**日記**　出来事があった当日に記した文章。出来事があった当日に現場で記したメモ類、たとえば捜査記録などを基本とする。現在の日記のように、その日の出来事をまとめて記した文章も含める。後者については、古くから、公家によって暦の余白に記されていたことが知られる。ただし、翌朝に執筆されたものが多かったらしい。

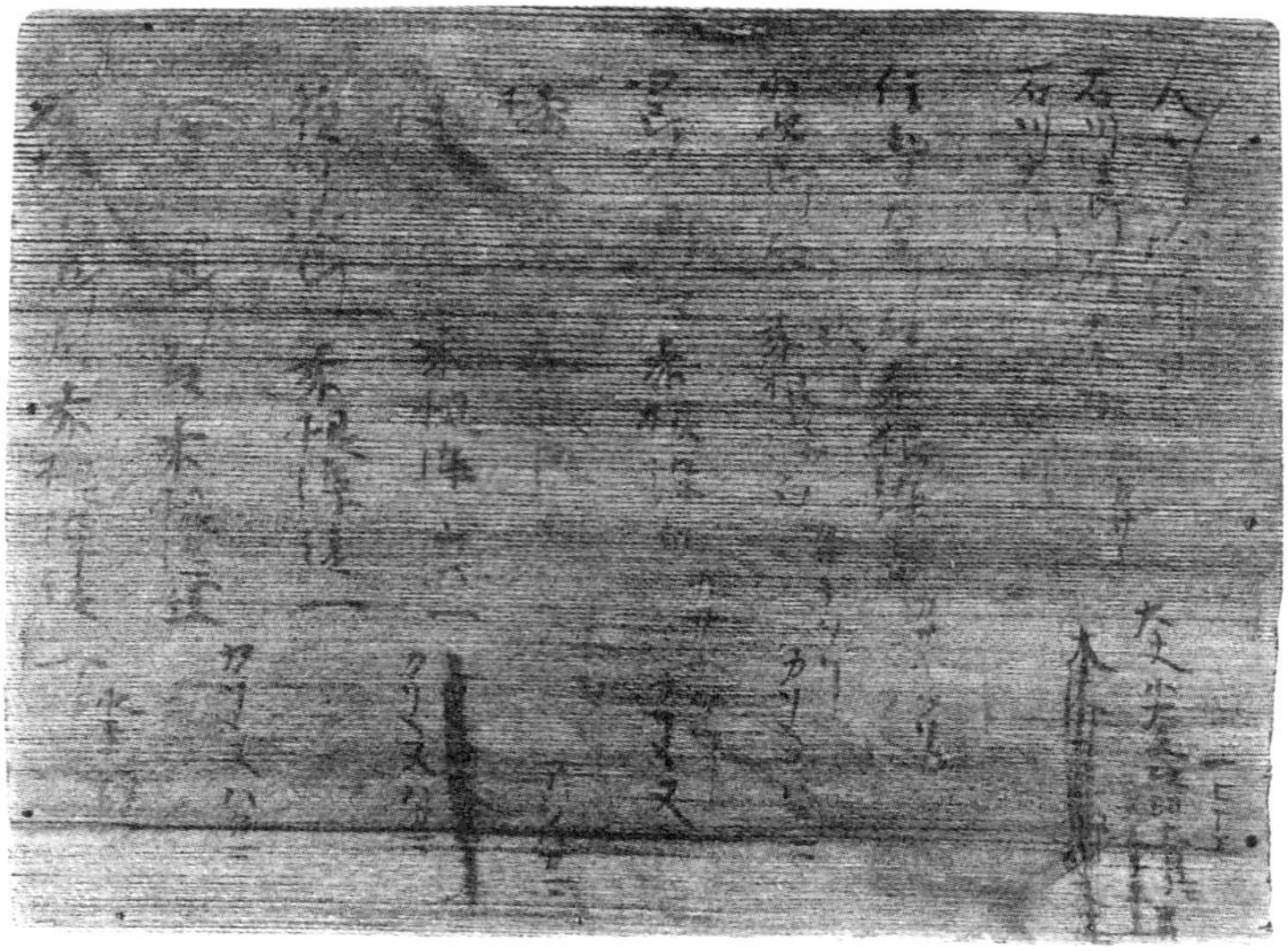

人々給絹日記
一ヒトエ
大夫小大夫殿紺大目結　□□
石川三郎殿　赤根一カサネ　（ヒトエ一）
大夫四郎殿紺大目□（結カ）
石川太郎殿　紺大目結
カサネタリ
信寿太郎殿　赤根染青
綾　カサネタリ
小次郎殿　赤根染白　カリキヌハカマ
カサネタリ
四郎太郎殿　赤根染白　カリキヌ
□（カ）サネタリ
橘藤四郎　赤根染白　アヲハカマ
橘□五　赤根染ウヘ一　シタキハ大□□
カリキヌハカマ
瀬川次郎　赤根染綾一
カリキヌハカマ
海道四郎殿　赤根染綾一
水干袴
石埼次郎殿　赤根染綾一

●―折敷に墨書された「人々給絹日記」と釈文

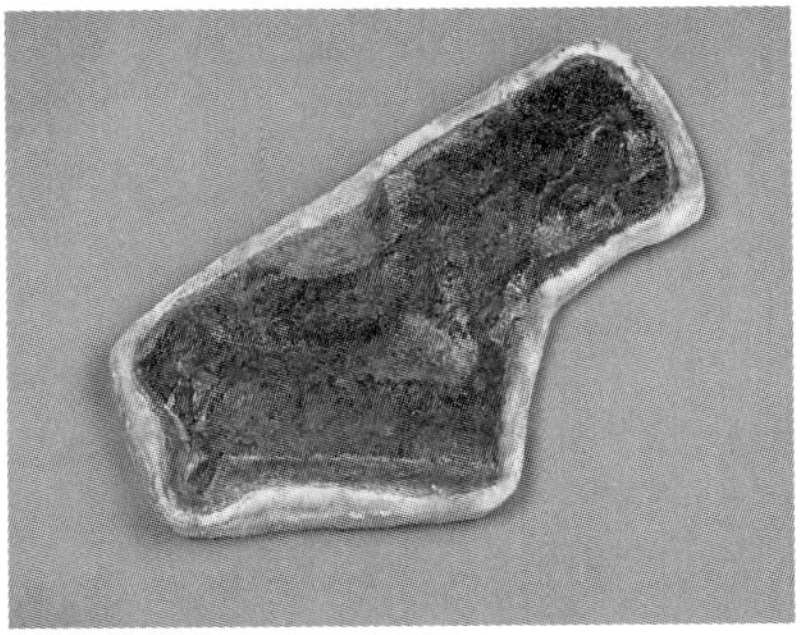
●——井戸跡から出土した立烏帽《たてえぼ》子《し》　この立烏帽子を着用した人物は、藤原泰衡・源義経クラスの貴公子だったかもしれない。

殿には、赤根染に青を重ねた装束が。小次郎殿には、赤根染に白を重ねた装束が。……、という具合である。

赤根（茜）染を基調とした絹の狩衣《かりぎぬ》・水干《すいかん》は、武家の正装であった。赤根染は派手に過ぎると想われるかもしれないが、そんなことはない。合戦の場では、めだたなければ恩賞にあずかれない。そのために、武家には派手な装束が好まれることになったのである。平泉館で、何かしら大事な儀式があって、それらの人びとに正装を給与し参列させなければならない事情が生じていたことが察知される。「日記」は、彼らに給与すべき正装を用意する心覚え（メモ）として書きつけられたものだったらしい。平泉館内にある衣服関係の工房に掲げられていたものかもしれない。「日記」の書かれた裏面には、大小の織物の寸法を記したメモが、墨書されていた。それが、何よりの証拠かもしれない。

秀衡の身内の人びと

それらの人名のうち、最初に書かれたとみられるのは、信寿太郎殿・小次郎殿・四郎太郎殿の三人である。そのうち信寿太郎殿・小次郎殿の二人は、秀衡の長男国衡と次男泰衡《やすひら》にあたると考えられる。この兄弟については、「兄他腹の嫡男なり、弟当腹《とうふく》の太郎なり」と記されていた（『玉葉《ぎょくよう》』▲）。国衡は嫡男（長男）だったが、当腹（正妻である当時の妻の腹）の生まれではなかったので、次男の泰衡が後継者に選ばれたことがわかる。泰衡が小次郎殿と呼ばれているのは、大石直正氏の指摘のとおり、秀衡が次郎であったためかもしれない。四郎太郎殿については、四郎の長男ということしかわからない。秀衡の弟に四郎がいて、その長男が、国衡・泰衡なみに扱われていたということであろうか。

信寿太郎・小次郎ら三人は、いまだ元服《げんぷく》の年齢に達せず、ないしは元服して間もなく、秀衡の保護下におかれていたとみられる。具体的には、平泉館内に生活し、衣食の給与を受けていたらしい。

彼らが独立して、平泉館の外側に独立した家宅を構えて、西木戸ほかの名のりを用いるまでには、もう少しの年月が必要だったと考えられる。

彼らに赤根染を基調とした絹の衣服が給与されているのは、秀衡の保護下にあったことの端的な表れである。独立したあとならば、自前であつらえることになったにちがいない。

▼**『玉葉』**　関白《かんぱく》九条《くじょう》兼実《かねざね》の日記。関白のもとには、全国各地の情報が集まってきた。

▼**外記局**　太政官《だいじょうかん》の文書処理・実務遂行にあたった部署。大外記（幹部）の地位は、清原・中原の両氏によって世襲された。豊前介実俊の兄弟は、清原氏を称していることから、外記局のキャリア

続いて書かれた橘藤四郎・橘□五・瀬川次郎ほかの名前のうち、橘藤四郎・橘□五の両人は、豊前介実俊・橘藤五実昌の兄弟で、秀衡の側近に仕えた実務官僚であった。中央官庁(外記局《げききょく》▲)に仕えていたところをヘッドハンティングされて、平泉にやってきた経歴が想定される。『吾妻鏡』には、平泉館の炎上によって「奥州羽州両国省帳田文已下文書」が失われたにもかかわらず、兄弟の記憶によって、内容を復元できたというエピソードが記されている。それに感心した鎌倉殿によって、兄弟が召しかかえられることになったともある。このような能吏がいなければ、秀衡による奥州統治は不可能だったのである。

瀬川・石埼《いわさき》・石川など、奥六郡内の地名を名乗る人びとは、先祖代々、平泉館に仕える根本《こんぽん》被官《ひかん》であった。彼らは身内《みうち》中の身内として、家族同然の扱いを受けていたものとみられる。

海道《かいとう》四郎殿は特別である。彼は、後三年合戦《ごさんねんかっせん》▲の立役者、清原真衡《さねひら》の養子に迎えられた海道小太郎成衡《こたろうなりひら》▲の子孫にあたる人物かもしれない。清原氏が滅亡後、客分として迎えられ、平泉館内に養われていた人物かもしれない。

最後に記された大夫小大夫殿、記されたあとに抹消された大夫四郎殿は、太

があったとみられる。北奥羽の軍事首長清原氏の先祖についても、中央官人の出身で地元豪族の娘婿に迎えられた人物が想定されている。

▼後三年合戦　北奥羽の軍事首長清原真衡の専横ぶりに、一族が反発して開始された。それに、陸奥守源義家《よしいえ》が介入して、大規模な戦争に発展した。後三年の役とも。一〇八三(永保《えいほ》三)年から八七(寛治《かんじ》元)年におよぶ。この内紛によって、清原一族は滅亡し、平泉藤原清衡の覇権確立に向けた第一歩が記されることになった。

▼海道小太郎成衡　海道(福島県いわき市付近)に勢力を有した海道平氏の生まれ。清原真衡に養子として迎えられ、常陸《ひたち》国の猛者、多気権守宗幹《たけごんのかみむねもと》の孫娘(実は源頼義《よりよし》の娘)を娶らされた。その真衡の強引な後継者擁立策が、一族の反発を買ったのだとされる。

夫の呼称から、国府《こくふ》の幹部クラスの官人の子弟と考えられる。多賀城から招かれて、平泉館内に逗留《とうりゅう》していたものであろうか。それならば、衣服の給与を受けたとしても恥ずかしくはない。ただし、信夫庄司佐藤氏▲の一員であった可能性もありそうだ。佐藤氏は代々の後見として乳母《めのと》をだすなど、平泉藤原氏とは特別に親近な関係にあった。身内以上の身内ともいえよう。そのうえに、大夫《だいふ》の名乗りを許されていたことが知られる。それならば、こちらの可能性のほうが高いかもしれない。川島茂裕氏の教えによって、最近では、こちらのほうに傾いている。

いずれにしても、「日記」に墨書された名前が、平泉館内で暮し、秀衡によって養われる、いわば身内の人びとに相当するものであった。そのことには変わりがない。

▼**信夫庄司佐藤氏**　信夫庄(荘)の現地を取りしきる豪族。平泉藤原氏に同じく、鎮守府将軍・下《しも》野守《つけのかみ》藤原秀郷《ひでさと》(俵藤太《たわらとうた》)の末裔と称する。藤原秀衡の命令で、源義経に従った継信《つぐのぶ》・忠信《ただのぶ》の兄弟も、佐藤氏の出身である。信夫庄は、福島市付近にあった荘園である。

秀衡の鎮守府将軍就任を祝って

それでは、彼ら秀衡の身内の人びとが、赤根染を基調とする装束で威儀を正して、こぞって参列した大事な儀式とは、何であったろうか。

もしかすると、それは、一一七〇(嘉応二)年、秀衡の鎮守府将軍▲就任を祝う空前の盛大な儀式だったかもしれない。一一五八＋X年という折敷の年輪年代の測定結果に、かわらけの編年を重ねあわせ、遺跡をめぐる全体的な状況を加味した推測によるものである。

この松本建速氏の推測に、国衡・泰衡が独立する以前という年齢的な事情を勘案すれば、ますます、そういうことになるかもしれない。一一八九(文治五)年、藤原氏が滅亡した時には、泰衡は三五歳であったことが知られる。とするならば、秀衡の鎮守府将軍就任の儀式が挙行されたとみられる一一七〇年には、泰衡が一六歳だったということになって、つじつまがあうのである。

中心的な建物のすぐそばには、多数の井戸状の穴が掘られて、宴会に使用された大量のかわらけ・折敷の類、それに装束を縫製《ほうせい》するために用いられた物差・糸巻の類、さらには建物を造営するために用いられた大工道具の類まで、一括して放り込まれていた。

大事な儀式のために、建物を新築し、装束を新調し、大量のかわらけ・折敷の類を用意する。そして、儀式が終り、盛大な宴会が果てた直後に、それらの

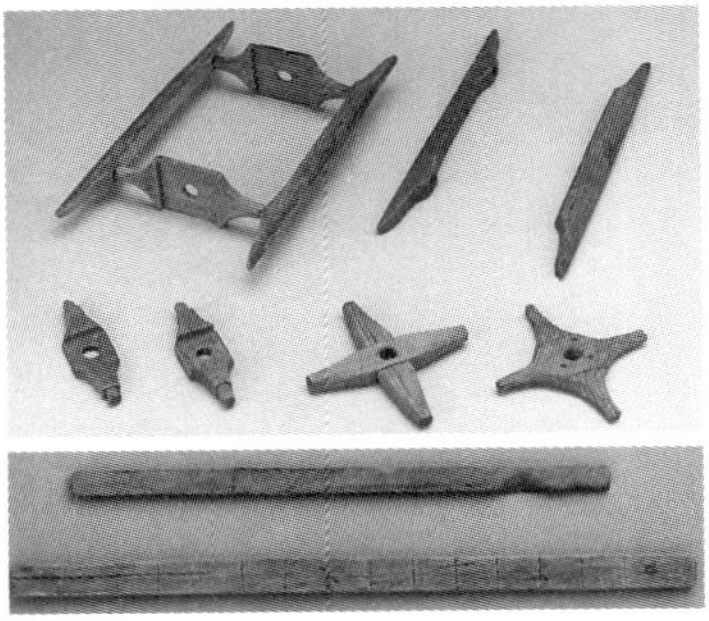

●──糸巻(上)と物差

▼鎮守府将軍　胆沢城におかれた鎮守府にあって、奥六郡を管轄し、古代国家北辺の守りに任じた。ただし、安倍・清原・藤原氏の時代には、鎮守府の実質が失われて、将軍の地位も名誉職のようなものになっていたらしい。

●――フイゴの破片

●――金の付着した礫《れき》

品々を一括して廃棄した。としか考えられない状態であった。
それほどまでにして挙行された盛大な儀式・宴会、しかも十二世紀第３四半期における、ということになれば、これは、もう、鎮守府将軍就任のそれとしか考えようがない。そういうことだったのである。

最近の発掘・調査によれば

だが、そればかりではない。最近では、秀衡の後年から泰衡の時期に相当する中心的な建物群があらたに発掘されて関心を集めている。十二世紀第３四半期における建物群から少し離れた西側が、その場所である。なんと、秀衡の宿館は移築されていたのである。柳之御所遺跡内に二カ所にあったのである。「金色堂の正方、無量光院の北に並べて、宿館を構える」と「寺塔已下注文」に記されたのは、時期的にいえば、最近に発掘されたほうだったにちがいない。これまでは、柳之御所遺跡を平泉館跡として、秀衡の宿館が一カ所しかなかったかのように表現してきた。十二世紀第３四半期における建物群が、そのまま、「寺塔已下注文」に記された宿館に相当するかのように考えてきた。厳密にいえば、それはまちがいであった。おおいに反省しなければならない。

同じく、最近では、清衡の時代にさかのぼる遺物が発掘されて話題になっている。そのうえに、遺跡を取り囲む長大な空堀《からぼり》も、清衡の時代に開削されていたことが明らかにされている。それによって、十二世紀後半における秀衡の宿館というばかりではなく、もっと広い視野から遺跡の性格を考えるべきことが求められている。もしかすると、清衡の宿館があったのかもしれない。さもなければ、清衡によって造営されたイベント会場（大会議場）や迎賓館のようなものがあったのかもしれない。

高館は、源義経が最期を迎えたところとして伝承され、観光の名所にされてきた。だが、それにあたらないことは、以前の発掘・調査によって確かめられている。それに対して、高館の山腹に空堀があったことが、最近の発掘・調査によってあらたに検出されている。その空堀には、柳之御所遺跡の主要部を取り囲む長大な空堀に同じく、北奥羽の軍事首長の思考様式にふさわしい伝統的な色彩が濃厚にみられる。さらには、北奥羽の防御性集落▲を取り囲む空堀に共通する雰囲気さえただよわせている。それによって、柳之御所遺跡の主要部、

●——清衡期の宴会に用いられた土高杯

▼**防御性集落**　北奥羽から夷が島にかけて、十〜十一世紀に、盛んに営まれた、空堀をめぐらした台地上の集落。交易の発展による紛争に備えた、または稲作の発展を踏まえた覇権争いに備えた、などの解釈がある。それに対して、空堀は境界を区画するに過ぎないとして、環壕集落の名称を用いるべしという意見もだされている。

●──北上川から高館を望む

すなわち平泉館を防御する砦のような役割を、高館が果たしていたのではないかと、最近では推測されるようになっている。本堂寿一氏ほかによるものである。

それらにつけても、発掘・調査の進展から目を離すことができない。

加羅御所と一族集住の風景

柳之御所遺跡が秀衡の宿館（政庁）だったといっても、秀衡が日常普段に在住していたというわけではない。「寺塔已下注文」によれば、秀衡が寝起きする「常《つねの》居所《きょしょ》」（日常的な住まい）が南どなりの敷地に別に設営されて、「加羅御所」と呼ばれていた。格式ばった場所に寝起きするのは不都合ということであったろうか。それとも、政務が増大するにつれて手狭になったためであったろうか。どちらにしても、そこから平泉館に出勤するというのが、秀衡の日課だったらしい。

加羅御所《からのごしょ》の名前については、花の都をあらわす花洛《からく》に由来する。ないしは文明の先進地、中国をあらわす唐《から》に由来する。など、諸説がとなえられているが、確証をえがたい。それにしても、御所というのは尋常でない。京都の公卿《くぎょう》クラスの居宅ならではの呼び方が用いられていることは、秀衡に対する特別の尊敬によるものだったのであろうか。それとも、鎌倉殿頼朝の居宅が御所と呼ばれたことにさきがける意識によるものだったのであろうか。判断に迷わされるところである。ただし、頼朝の場合には、実際に、公卿クラスの地位に列せられているから、御所の呼び方には旧来の意識に懸隔《けんかく》するところが少なかった。それに対して秀衡は、そのような地位に列せられていない。疑問が深まるばかりである。

加羅御所の遺跡は今、宅地になっているが、後背に残された土塁《どるい》によって、それと知られる。柳之御所遺跡に渡る立派な橋の遺構も確かめられている。周辺からは、和鏡の優品ほかも発掘されている。地元では、「伽羅楽《からく》」とも、「伽《きゃ》羅御所《らのごしょ》」とも呼ばれている。いつの日にか、本格的な発掘・調査によって、遺跡の全体像が明らかにされることが期待される。

「寺塔已下注文」によれば、平泉館の西木戸を出たとなりの敷地には、秀衡の嫡子(長男)国衡や四男隆衡の家宅が並び立っていた。近くの泉屋の東には、三男忠衡の家が構えられていた。秀衡の後継者に指名された次男泰衡が、平泉館の主となるとともに、加羅御所に住まいすることになるのは、もちろんである。

このように一族が肩をよせあうように集住して有事に備える態勢は、北奥羽の軍事首長の伝統を色濃く引きずったものとみられる。このようなベースキャンプを想わせる集住の風景は、安倍氏の衣河柵《ころもがわのさく》においても、確認することができる。そのうえに、都市鎌倉においても、鎌倉殿頼朝の大蔵《おおくら》御所のまわりを有力御家人《ごけにん》の家宅が取り囲む集住の風景を確認することができる。武家風の最たるものとして、それを理解することができるであろうか。

平泉館を取り囲むようにして営まれていた秀衡親子の住居群については、発掘・調査が進んでいない。秀衡・泰衡が住まいした加羅御所についても、部分的にしか調べられていない。国衡・隆衡・忠衡らの家宅にいたっては、所在さえ確定されていない状態にある。

そのほかにも、秀衡の一族が住まいする住宅地が、あちこちに配置されていたらしい。毛越寺に通じるメイン・ストリート近くの志羅山《しらやま》遺跡では、大規模な建物跡や陶磁器類が検出されて、それらしい雰囲気を漂わせている。なかでも、井戸底からは、福建《ふっけん》省の窯元《かまもと》で焼かれた白磁水注の完形品▲が検出されて、

▼白磁水注の完形品　四七ページ写真参照。

●──無量光院跡

人目を驚かせている。全国的にも、珍しい貴重な発見である。

無量光院

加羅御所の南(西)どなりには、無量光仏、すなわち阿弥陀仏《あみだぶつ》をまつる壮麗な御堂《みどう》(「新御堂」)が営まれていた。「寺塔已下注文」によれば、宇治《うじ》の平等院《びょうどういん》を模して、秀衡が造営したという。ただし、正確には、鳥羽《とば》法皇が宇治平等院を模して勝光明院《しょうこうみょういん》を造営したことにならったものである。藤島亥治郎氏の指摘のとおりである。しかも、平等院そのままではなく、左右の翼廊《よくろう》の柱間《はしらま》が一間《ひとま》分だけ多くなっている。無量光院は平等院の拡大コピーだったのである。

秀衡の「常居所」である加羅御所は、その東門の一郭に構えられていたのである。朝な夕なに西どなりの阿弥陀さま(無量光院の本尊)に手をあわせるというのが、秀衡の日課だったようだ。

このように、御堂を御所(居館・居所)に隣接して営む風習は、京都郊外の鳥羽・白河《しらかわ》・東山(法住寺殿)のそれにならったものとみられる。院政期、京都郊外に建設された鳥羽・白河・東山の街区は、日本的な仏教モデルによる新都心として、古代国家によって建設された中国長安モデルの古い京都とは異質の光彩を放っていた。そこにおける革新的な都市建設の思想を導入して、奥州に花開かせようと、秀衡は試みたのであった。

はじめに、「みちのくの京都」として平泉をとらえる伝統的な考え方に疑問を記しておいた。それとは矛盾するのではないかという批判を受けるかもしれないが、そうではない。「みちのくの京都」という表現には、古い京都をまねたという認識がこめられていた。それが、疑問だったのである。鳥羽・白河・東山の新しい京都をまねたというのならば、何の問題もない。

無量光院の遺跡には、御堂の柱を立てる立派な礎石《そせき》群が残されている。御堂の前に広がっていた大池の跡には、水田がつくられていて、往時の水面を想像させてくれる。中島《なかじま》の跡も、水田のなかに浮かんでいる。本尊が安置されていた辺りの松並みの向こう側には、金鶏山《きんけいざん》の霊峰がくっきりとみえている。敷地の周囲にめぐらされた長大な土塁も、一部が残されている。

無量光院跡の発掘・調査も念入りに進められている。それによって、平等院にならった伽藍《がらん》の配置が確かめられている。最近では、無量光院の造営が、秀

●——無量光院復元模型

衡の後年、平泉館の移築にあわせて、一体的に遂行されたことがわかってきた。加羅御所や国衡家・隆衡宅などが設営されたのも、その時期にあたるかもしれない。羽柴直人氏の指摘のとおりである。

極楽往生の擬似体験

無量光院の大池に浮かぶ中島には、小舎が設けられて、秀衡が無量光院の本尊、阿弥陀仏に祈るための拝所の役割を果たしていた。秀衡の目の前、極楽《ごくらく》浄土《じょうど》のそれとみまがう壮麗な建築様式が繰り広げられるなかには、極楽浄土の主、阿弥陀さまが安座されている。背後に聳《そび》え立つ金鶏山の頂上からは、沈む夕日の光が、一直線に延びてきて、阿弥陀さまの頭上を通り越して、秀衡のもとに届いている。阿弥陀さまが西山越しに来迎《らいごう》されたかのような光景である。雅楽《ががく》が演奏され、香が焚《た》かれ、花が散らされる。秀衡は、極楽浄土の大池に咲く蓮華《れんげ》のうえに往生《おうじょう》したような気分になる。

このような極楽往生の疑似体験（バーチャル・リアリティ）ともいうべき行事が、秀衡によって、盂蘭盆会《うらぼんえ》（旧暦七月十五日）・清衡忌日《きにち》（同七月十六日）の辺りに、毎年のように繰り返されたことが、菅野成寛氏によって推測されている。

宇治平等院の場合には、大池の東岸に小御所が設けられていて、関白《かんぱく》藤原頼《より》通《みち》は、そこから阿弥陀さまをおがんだと想定されている。それに比べれば、大池のなかに身をおいている分だけ、秀衡のほうが徹底している。すなわち、極楽の大池に咲く蓮華のうえに往生するという教えに忠実に従っている。といわなければならない。秀衡の往生を願う気持ちには、京都の公家にも増して真剣なものがあったのである。

だが、それればかりではない。無量光院の四壁扉には、観無量寿経《かんむりょうじゅきょう》の大意が描かれていた。そのうえに、秀衡の自筆による「狩猟の躰」が描かれていた。「寺塔已下注文」に、そのことが記されている。

観無量寿経には、殺生《せっしょう》のような大罪をおかした人でも、阿弥陀仏に帰依すれば、極楽に往生できると説かれている。上品上生《じょうぼんじょうしょう》から下品下生《げぼんげしょう》までの九段階のうち、最下位の下品下生ではあるが、極楽往生が約束されているのである。秀衡は、その教えに従って、狩猟のようすを描いた。すなわち、秀衡には殺生を業《なりわい》とする武家としての強烈な自覚があったものと考えられる。家永三郎・菅野成寛などの諸氏によって指摘されているとおりである。

秀衡には、関白頼通にも共通するような京風の思考様式が備えられていた。しかし、その反面において、武家としての自覚、すなわち軍事首長としての自己認識にも欠けることがなかった。そのような二面性が秀衡の個性をかたちづくっていた。そのことが明らかである。

●—毛越寺復元模型

②—毛越寺・観自在王院の辺り

南の玄関口に位置する基衡の都市空間

都市平泉《ひらいずみ》を乗せている広大な台地のうち、山並みに近い西南の辺りに位置するのが、毛越寺《もうつうじ》と観自在王院《かんじざいおういん》の遺跡である。

毛越寺は、二代基衡《もとひら》によって造営された、十二世紀中葉における浄土庭園《じょうどていえん》の景観を今に伝えていて、貴重である。その大池（「大泉が池」）に流入する遣水《やりみず》のせせらぎも、発掘・調査によって復元され、曲水《ごくすい》の宴《えん》が再現されるなどして、観光客の目を楽しませてくれる。古式ゆかしい延年《えんねん》の舞《まい》も大事に伝えられてきた。当時の伽藍《がらん》のありさまも、発掘・調査によって確かめられている。残された基壇《きだん》や礎石《そせき》によっても、それを想像することができようか。

観自在王院は、基衡の妻によって建立された。阿弥陀仏《あみだぶつ》をまつる御堂《みどう》である。毛越寺の東どなりに位置していた。その遺跡が発掘・調査によって復元され、一般に公開されている。復元された大池の周囲に敷き詰められた芝生の緑が美しい。

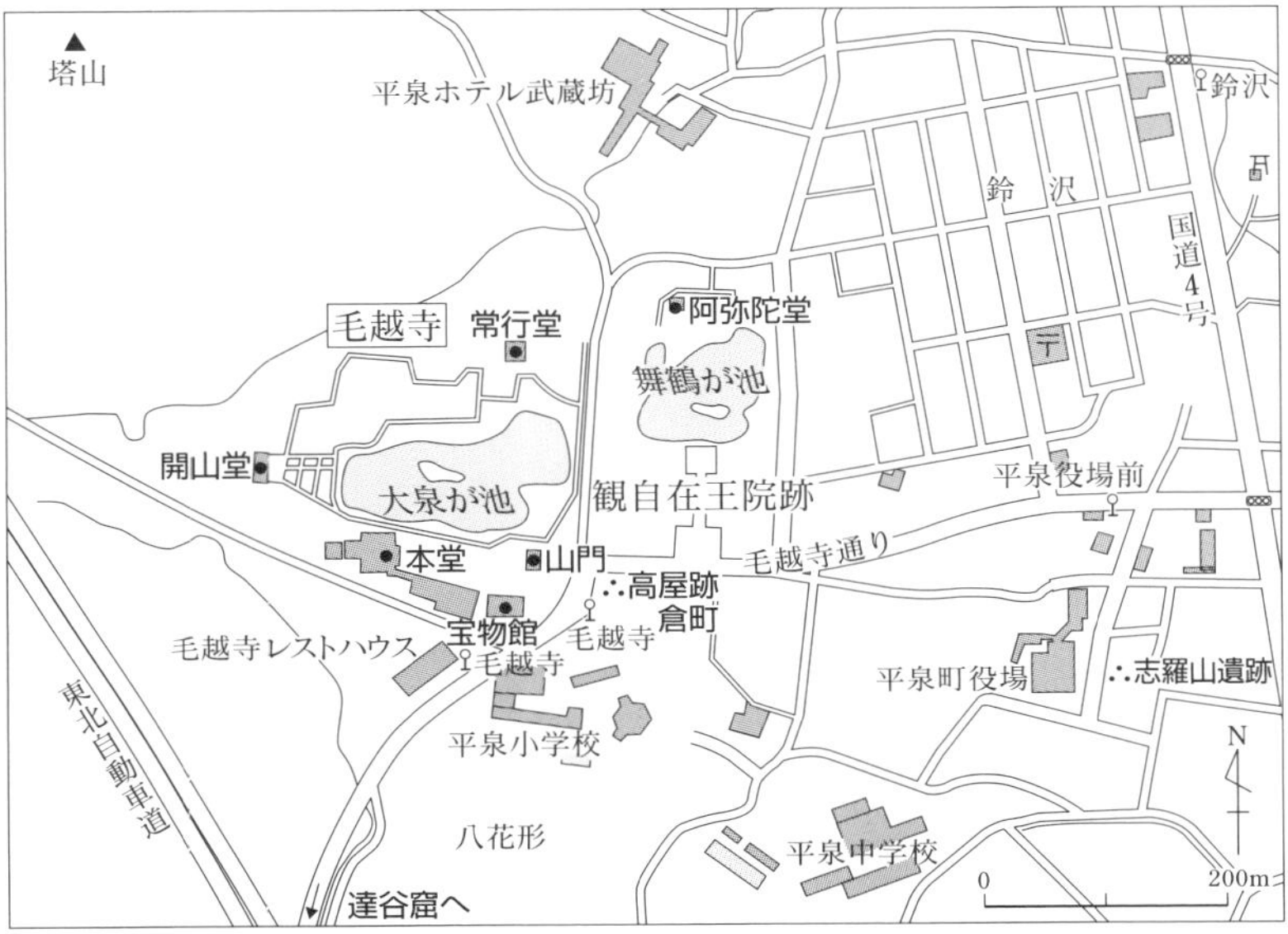

●──毛越寺・観自在王院地区案内図

●──曲水の宴

●──毛越寺大泉が池

この辺りは、奥大道《おくだいどう》▲を北上してきた旅人が都市平泉に進入する南の玄関口にあたっていた。達谷窟《たっこくのいわや》をあおぎつつ、山間の難路をたどってきた旅人が、都市平泉の玄関口に聳《そび》え立つ毛越寺・観自在王院の壮麗な堂塔を目にしたときの驚きは、いかばかりであったろうか。簡単には、いいあらわすことができない。

基衡は、初代清衡《きよひら》の創業を受け継いで、政権の基盤を整え、都市平泉の規模を拡大することにつとめた。勢力のおよぶ範囲も、多賀国府《たがこくふ》の辺りを通り越して南奥州《おうしゅう》(今は福島県)にまで達している。基衡が死去したのは、一一五八(保元《ほうげん》三)年と伝える。基衡については、「果福、父に軼《すぐ》れ、両国(陸奥《むつ》・出羽《でわ》)を管領《かんれい》す」と、豊前介実俊《ぶぜんのすけさねとし》によって物語られている。三代秀衡《ひでひら》の側近だった人物によるものだから、信じてよい。同じく、「卅三年の後、夭亡《ようぼう》す」、すなわち清衡に一致する治世期間を経たのちに、急逝《きゅうせい》したことが物語られている。「卅三年」を、そのままうのみにすることはできないにしても、大筋においては信じてよい。

その基衡の宿館《しゅくかん》も、この辺りにあったらしい。その候補地として真っ先に取り上げられるのが、観自在王院の敷地である。基衡の妻が、夫の菩提《ぼだい》をとむらうために、その邸宅(宿館)を寄進して御堂を建立したものだと、想定すること

▼奥大道　五九ページ参照。

が可能だからである。そのような事例が、ほかにもみあたらないわけではない。そのうえに、御堂と御所《ごしょ》、すなわち寺院と邸宅、という取合せ(セット)の京都の流儀が平泉にも採り入れられていたとすれば、毛越寺に隣接して基衡の邸宅が設営されていたと考えるのが、もっとも自然だ、という事情も存在していた。だが、しかし、発掘・調査による所見では、それらしい遺構は検出されていない。細い柱穴がみつかっている程度だという。これでは無理である。今のところは、あきらめざるをえない。

そのかわりに、候補地としてあげられるのは、毛越寺・観自在王院地区の南方に突きでた台地の先端部である。三方を崖によって防御された地勢は、柳之《やなぎの》御所《ごしょ》遺跡のそれに共通するものがある。ここならば寺院との取合せもよく、基衡の邸宅(宿館)が設営されていたとしても不自然ではない。

この台地の先端部は八花形《やつはながた》と呼ばれて、秀衡の息子、国衡《くにひら》・隆衡《たかひら》の邸宅跡と称されてきた。その伝承、そのものがあたらないことは明らかだが、そのような邸宅があったことを想像させる雰囲気が存在することは否定することができない。そのうえに、若干の遺物・遺構が検出されている。これからの発掘・調

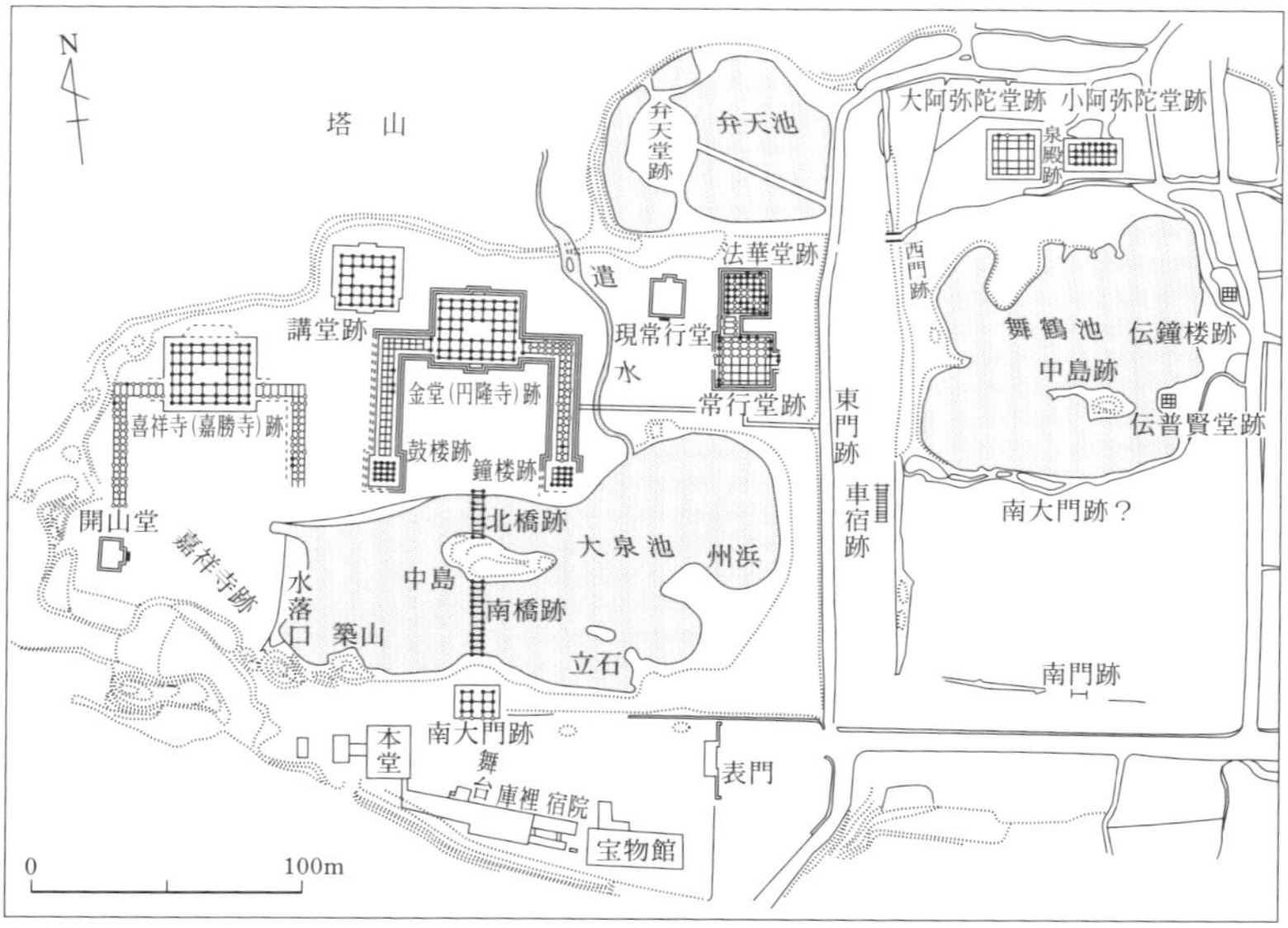

●—毛越寺・観自在王院跡全域配置図(藤島亥治郎『平泉建築文化研究』吉川弘文館, 1995年より)

●—観自在王院跡

査の進展によっては、大きな発見がもたらされるかもしれない。

平泉毛越寺と白河法勝寺

「寺塔已下《じとういか》注文《ちゅうもん》」によれば、毛越寺の金堂《こんどう》は円隆寺《えんりゅうじ》と号して、金銀・紫檀《したん》▲・赤木《あかぎ》▲をふんだんに用いた豪華絢爛《けんらん》のつくりであった。本尊には薬師丈六如来《やくしじょうろくにょらい》像が安置されて、十二神将《じゅうにしんしょう》像が周囲を取りまいていた。京都仏師雲慶《ぶっしうんけい》の作という。いずれの仏像にも玉眼《ぎょくがん》が用いられて、時代の先端をいっていた。円隆寺の掲額については、九条関白家《くじょうかんぱくけ》(忠通《ただみち》)に依頼して自筆を染めていただくことができた。

基衡の晩年には、同じく毛越寺の境内に、嘉勝寺《かしょうじ》が造営されることになった。四壁《しへき》・三面扉《さんめんとびら》には、法華経《ほけきょう》▲二十八品《ぼん》(巻)の場面が色あざやかに描かれていた。本尊には薬師丈六如来像が安置されていた。寺の造営は、基衡の代に完成できず、秀衡によって継承された。

毛越寺の建築は、京都白河《しらかわ》の法勝寺《ほっしょうじ》をモデルにしたものであった。そのことが、発掘調査の成果によって確かめられている。白河天皇の御願《ごがん》によって造

▼**紫檀**　インド・セイロン原産の銘木。博多経由で、平泉まで搬入された。

▼**赤木**　沖縄・東南アジア原産の銘木。博多経由で、平泉に搬入された。赤木製の短刀の柄が数点、中尊寺金色堂の遺体(ミイラ)の傍らに残されていた。

▼**法華経**　五七ページ参照。

営された法勝寺は、いわゆる六勝寺《りくしょうじ》▲の随一として、「国王の氏寺《うじでら》」と称されるにふさわしい威容を誇示していた。それによって、王家の威信を内外に顕示していた。基衡は、それをまねようとしたのである。

白河は、東国《とうごく》・北国《ほっこく》方面の旅人が入京する玄関口にあたっていた。そこに聳え立つ九重塔ほか、法勝寺の壮麗な堂塔は、京都繁栄のシンボル、ひいては王家繁栄のシンボルとして、絶大な効果を発揮していた。それもあって、基衡は法勝寺モデルを取り入れた堂塔を、都市平泉の南の玄関口に造営しようとしたのではないか。それが、最近の学説である。

観自在王院四壁に描かれた京都の風景

基衡の死後には、毛越寺の東どなりに、観自在王院(阿弥陀堂《あみだどう》)が造営されることになった。基衡後家の発願《ほつがん》によるものである。その四壁には、洛陽《らくよう》の霊地・名所、すなわち京都の霊場・名所が図絵《ずえ》されていた。たとえば、石清水八幡宮《いわしみずはちまんぐう》の放生会《ほうじょうえ》、賀茂《かも》の祭り、鞍馬《くらま》の様《さま》(風景)、醍醐《だいご》の桜会《さくらえ》(花見)、宇治平等院《うじびょうどういん》の様、嵯峨《さが》の様、清水《きよみず》の様、などが図絵されていたことが、鎌倉期の記録に

▼**六勝寺**　十一～十二世紀、京都白河(左京区岡崎《おかざき》付近)に建てられた王家御願寺の総称。法勝寺(白河天皇)、尊勝寺《そんしょうじ》(堀川《ほりかわ》天皇)、最勝寺《さいしょうじ》(鳥羽《とば》天皇)、円勝寺《えんしょうじ》(待賢門院《たいけんもんいん》)、成勝寺《せいしょうじ》(崇徳《すとく》天皇)、延勝寺《えんしょうじ》(近衛《このえ》天皇)の六寺をさす。最近では、円勝寺(待賢門院)を除いて、五勝寺と呼ぶべしという意見も出されている。

●――毛越寺の延年「勅使舞」

▼延年の舞　平安後期から寺院で行われた舞。法会のあとなどに、余興として、僧侶や稚児《ちご》が演じた。平泉毛越寺では、春まだ浅き旧暦正月二十日の夜に、常行堂《じょうぎょうどう》で、常行三昧《ざんまい》の大法会が終わったあとに、延年の舞が演じられてきた。

よって知られる。今日における京都観光の定番というべきものが、八〇〇年以前に出揃って、地方にも知れわたっていたとは驚きである。

平泉の多くの住人にとって、京都にのぼることは不可能であった。かなわない夢であった。であればこそ、せめて図絵によって京都観光の気分を味わいたい。という願いが強かったのではないだろうか。大勢の老若男女が、図絵を前にして語りあっている。それによって、まだみぬ京都への憧れをますます確固にさせられるとともに、ありがたい情報を提示してくれた権力者に対する畏敬《いけい》の念をますます強固にさせられる。それが目の前にみえるようである。いずれにしても、平泉における京都文化の受容が深化して、人びとの精神生活のレベルにまで達する兆しを見せ始めていた。そのことにまちがいはない。

そういえば、毛越寺に伝えられる延年《えんねん》の舞《まい》▲でも、京都からくだって久しい勅《ちょく》使《し》(「京殿《きょうどの》」)が、使者の有吉に問いかけて、京都の近況を語らせるという演目があった。題して「勅使舞」という。これまた興味深い。このような芸能のなかにも、都市平泉の精神生活のありようが保存されていたのであった。

●——毛越寺薬師如来坐像

京都に届けられた北方の物産

毛越寺(円隆寺)の本尊、薬師丈六の制作を、京都仏師雲慶に基衡が依頼する際には、莫大な礼物が送り届けられたことが知られる。その記録が、「寺塔已下注文」にみえていた。

その礼物の内容は、円金《えんきん》一〇〇両・鷲《わし》羽一〇〇尻《しり》・七間々中径ノ水豹皮《あざらし》六〇余枚・安達《あだち》絹一〇〇〇疋《ひき》・希婦細布《けふのせばぬの》二〇〇〇端《たん》・糠部駿馬《ぬかのぶのしゅんめ》五〇疋・白布三〇〇〇端・信夫毛地摺《しのぶもじずり》一〇〇〇端などであった。そのほかにも、山海の珍物がそえられていたという。

そのうち、鷲羽は北方海域の特産。一羽の鷲からとれる一四本の尾羽を束にして一尻と数える。鷲羽は矢羽に用いられた。都大路《みやこおおじ》をいく騎馬の儀仗兵《ぎじょうへい》をかざるのに不可欠の装備として意識されていたらしい。なかでも、沿海州・サハリン(樺太《からふと》)の辺りから京進される鷲羽は、粛慎《しゅくしん》羽・海東青などと呼ばれて、特別に珍重されたことが知られる。同じく、水豹皮も、北方海域の特産。乗馬の脇腹にかかる障泥《あおり》として珍重された。これまた、都大路をいく儀仗兵にとって不可欠の装備として意識されていたらしい。

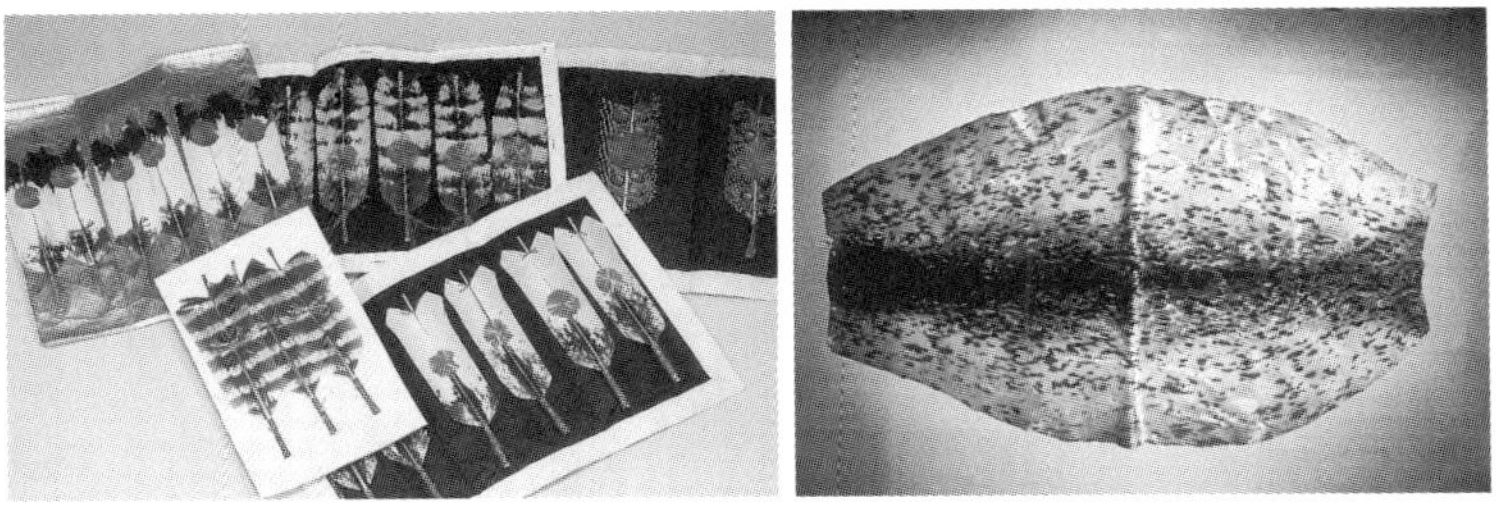

●——水豹皮(右)と鷲羽

これらの莫大な北方海域の特産は、外《そと》が浜《はま》に陸揚げされ、奥大道の幹線ルートを経由して、平泉に貢上されてきたものであった。平泉の倉庫におさめられて、所定の手続きを経たうえで、京都にまで進上されてゆくべきものであった。初代清衡によって整備・開発された奥大道の幹線ルートが、基衡のころには、ゆるぎのない物流の大動脈として、大々的に活用されるまでになっていたことが明らかである。

それに対して、糠部駿馬は、一戸《いちのへ》から九戸《くのへ》にいたる馬牧群からの貢上である。糠部は天下一の馬産地として聞こえ、糠部駿馬は公家《くげ》・武家《ぶけ》の垂涎《すいぜん》の的《まと》であった。糠部は現在の青森県東部・岩手県北部にあたる。同じく、希婦細布は、鹿《か》角《づの》郡からの貢上である。これらの北奥の特産も、奥大道を経由して平泉に届けられたものにちがいない。

円金は玉状に丸めた金塊であろうか。気仙《けせん》郡あたりで掘りだされ、平泉辺りの工房で加工されたものであろうか。奥州特産の金として京進されたのは、砂《さ》金《きん》ばかりではなかったのである。安達絹は安達郡特産の絹織物。信夫毛地摺は信夫郡特産の、文字のような不思議な文様を摺《す》りこんだ織物である。白布については奥州の全域で織られていて、どこの特産ともいいがたい。

それらの特産を京進するために山道・海道をたどる上下向夫課駄の行列、すなわち人夫・駄馬の行列は、三年のあいだ、片時もたえることがなかったという。

それればかりではない。別禄《べつろく》(ボーナス)として、生美絹《すずしのきぬ》を船三艘に積んで送り届けたりもしている。喜んだ仏師が冗談で、練絹《ねりぎぬ》もほしいといったところ、早速に船三艘に積んで送り届けられたともいう。これによって、北上川《きたかみ》から太平洋にでて京都方面に向かう海上の道も利用されていたことが知られる。

毛越寺本尊の制作を依頼する贈物をみただけでも、このありさまである。朝廷《ちょうてい》に対する貢金や荘園領主《しょうえんりょうしゅ》に対する年貢《ねんぐ》など、京都方面に進上された北方海域・奥州の特産を全体としてみるならば、とてつもない数量に達していたにちがいない。

平泉に運ばれた京都発・中国渡来の文物

金・馬・鷲羽・水豹皮ほか、大量の特産が平泉から進上されていった見返りに、京都方面からは、仏像・経文・調度・工芸・衣類ほか、優れた文物が運ばれてきた。京都風の仏教儀礼、京都風の生活様式、京都風のファッションが、受け入れられることになった。手づくねの素焼きのかわらけ(土器《どき》)を折敷《おしき》に載せて飲食する京都風の宴会の作法なども、本格的に導入されることになった。穢《けが》れを避けるために使い捨てられる大量のかわらけの製作のために、京都の職人が呼びよせられることにもなった。人びとのあいだに、京都に対する憧れの感情が湧きあがったのは当然の成り行きであった。

東海地方の渥美《あつみ》・常滑《とこなめ》からも、壺《つぼ》・甕《かめ》類の陶器が大量に運ばれてきている。渥美・常滑で焼かれ各地に運ばれた製品のなかで、平泉向けのそれが、量的にも、質的にも、優位を占めていたことが知られる。平泉は最上の得意先だったのである。それらの製品は、太平洋沿岸から北上川へという水上の道を通って平泉にまで運ばれたと考えられる。渥美の職人を呼びよせ、北上川河口の牡鹿《おしか》郡水沼《みずぬま》(今は石巻市《いしのまき》)に住まわせて、製作させていたことも知られる。それらの壺・甕類は、京都風の宴会の席上における酒器として、さもなければ、座敷をかざる置物として、珍重されたものとみられる。

そのうえに、博多方面からは、金の見返りに、大量の白磁《はくじ》が運ばれてきた。その器形には、四耳壺《しじこ》・水注《すいちゅう》など、値の張る高級品が多く、博多に陸揚げされた大量の貨物のなかから、特別に選別されてきたことがうかがわれる。それらの唐物《からもの》▲の優品が、酒器・置物として、渥美や常滑の壺・甕類よりも、はるかに珍重されたことはもちろんである。そのほかにも、一〇万五〇〇〇両の砂金の見返りに、一切経▲七〇〇〇余巻がもたらされたと伝えられている。それに該当する宋版一切経の一部が中尊寺《ちゅうそんじ》に現存している。

平泉セットは国際都市の証明

このようにして、平泉にもたらされた京都の文物や明州《めいしゅう》(寧波《ニンポー》)発・博多経由の唐物は、平泉の文化水準を高からしめるとともに、恰好の威信財《いしんざい》として、すなわち権威のシンボルとして、人びとの畏敬と信頼を勝ちうる役割を果たした。

手づくねの京都風かわらけ、白磁四耳壺、それに渥美刻画文《こくがもん》壺・常滑三筋《さんきん》壺を加えた三点セットは、三代秀衡の時期には、都市平泉の文化を象徴する存在になっていた。それればかりか、平泉政権の傘下《さんか》に属する北奥羽《おうう》の豪族によって

▼唐物　中国から舶来の高級品を、唐物と称して珍重した。唐物の好みは、卑弥呼《ひみこ》の昔から、日本人の性癖になっていた。明治以降は、西欧から舶来の文物に交代したが、海外ブランドを珍重するという本質においては、変化していない。

▼一切経　六六ページ参照。

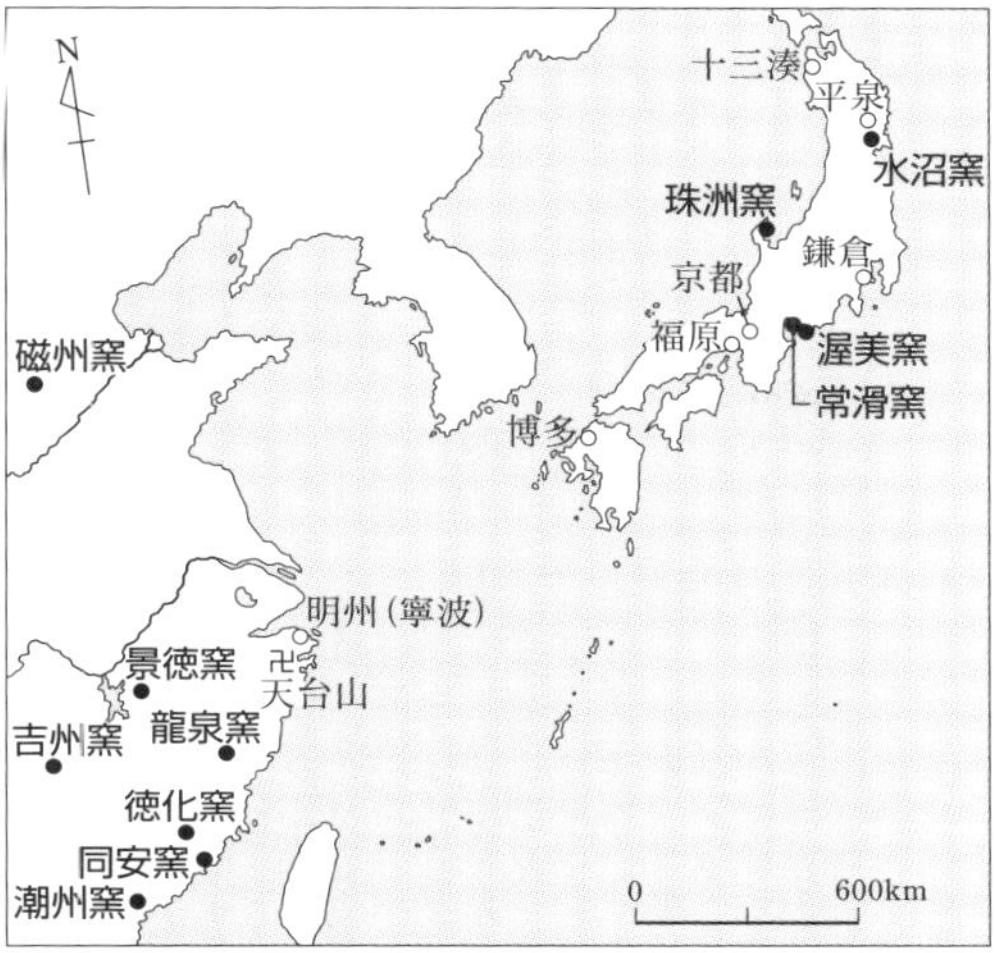

陶磁器の主要産地（十二〜十三世紀）

白磁四耳壺（柳之御所遺跡出土）

白磁水注（志羅山遺跡出土）

渥美刻画文（袈《け》裟《さ》襷《だすき》文《もん》）壺（柳之御所遺跡出土）

常滑三筋壺（志羅山遺跡出土）

も珍重され受容されていった。その証拠に、比爪館《ひづめたて》跡（岩手県紫波《しわ》町）、浪岡《なみおか》城跡（青森県青森市浪岡）、矢立《やたて》廃寺跡（秋田県大館《おおだて》市）ほか、北奥羽の要所要所で、その三点セットが発掘されている。同じく、平泉との密接な交渉が想定される多賀国府でも発掘されている。このようにして、八重樫忠郎氏によって「平泉セット」と名づけられた容器の組合せが、都市平泉の影響力の広がりを測定する指標にもなっている。そのことが明らかである。

「平泉セット」が明瞭なかたちで登場するのは、三代秀衡の時期であった。しかし、その土台をかたちづくる物流のネットワークは、二代基衡の辺りには確立されていたにちがいない。毛越寺本尊薬師丈六如来像の制作をめぐるエピソードは、その何よりの証明だったのではあるまいか。

「平泉セット」に端的にあらわされていた唐物の好みは、都市鎌倉《かまくら》に受け継がれ、武家文化の重要な内容をかたちづくることになった。さらには、茶道《さどう》の好みにまで影響をあたえることになった。平泉は白磁、鎌倉以降は青磁《せいじ》、という違いはあっても、唐物の容器が威信財（ステータス・シンボル）として珍重されたことを否定することはできない。唐坊《とうぼう》（チャイナタウン）があった博多の辺りでは、多種多様の唐物が洪水のように輸入され、あふれかえっていた。そこでは、唐物即威信財ということにはなりにくい。だからといって、北日本・東日本で唐物が珍重され、威信財になっていたことを否定することはできない。唐物の流通のあり方が異なっているのである。それを見逃してはいけない。

いずれにしても、都市平泉が、南北二つの世界の境界に位置して、人・物・情報の活発な交流によって、なかでも物産・文物の活発な交流によって、空前の繁栄を築き上げることになった。そのことには疑いがない。平泉藤原《ふじわら》氏による国づくりが、「通商立国」の言葉をもって語られるのには、そのような事情があったのである。

③—中尊寺造営の理念

北の玄関口に位置する清衡の都市空間

都市平泉《ひらいずみ》の広大な領域の西北部に位置するのが、中尊寺《ちゅうそんじ》である。清衡《きよひら》が平泉に宿館《しゅくかん》を移してまもなく、一一〇五（長治《ちょうじ》二）年に、釈迦《しゃか》・多宝《たほう》並座の本尊をすえた多宝寺《たほうじ》が造営されたのが最初である。最初にできたので最初院《さいしょいん》ともいう。一一〇七（嘉承《かしょう》二）年には、九体阿弥陀仏《くたいあみだぶつ》をまつる大長寿院《だいちょうじゅいん》（二階大堂）が造営されている。そして、一一一七（永久五）年、清衡六〇歳の辺りには、一〇一体の釈迦像をまつる「鎮護国家大伽藍一区《ちんごこっかだいがらんいっく》」の造営が開始されている。白河法皇《しらかわほうおう》ほかの御願寺《ごがんじ》として企画された大伽藍の造営には多くの手間を要したらしく、一一二六（天治《てんじ》三）年に落慶供養《らっけいくよう》（落成式）が挙行されている。

中尊寺は、厳密には、一〇一体の釈迦像をまつる「鎮護国家大伽藍一区」をさす寺号であった。だが、しだいに、多宝寺・大長寿院をも含めた伽藍群の総体をさすようになって、今日にいたっている。

中尊寺の伽藍群のうち、「鎮護国家大伽藍一区」については、発掘・調査が進められていて、大池《おおいけ》があった谷間の辺りに遺構が確認されようとしている。しかし、ほかの伽藍については、発掘・調査が繰り返されてきたにもかかわらず、確定的なことがいえない状態にある。

現在は、金色堂《こんじきどう》が残されて、当時のありさまを伝えているだけである。金色堂は、「鎮護国家大伽藍一区」に付属して建立された小堂であった。清衡が往生《おうじょう》のときを迎えるために建立され、のちには清衡ほかの遺体(ミイラ)をまつるために利用された小堂であった。その小堂だけでも、あれほどの輝きであった。その本体をなす「鎮護国家大伽藍一区」が残されていれば、いかほどの輝きを示してくれることであろうか。想像がおよばない。

中尊寺の造営された辺りは、奥大道《おくだいどう》を南下してきた旅人が都市平泉に進入する北の玄関口に相当していた。衣《ころも》川を越えて峠をのぼる、この辺りには、古代国家が設けた関所《せきしょ》があって、北方からの外敵に備えていた。中尊寺に関山《かんざん》の号が付せられているのは、そのような歴史によるものである。

中尊寺の峠道をたどりながら、北方に目をやれば、衣川が直下に流れて北上《きたかみ》川にそそいでいる。向こう側には、奥六郡《おくろくぐん》をかたちづくる広大な原野と山並み

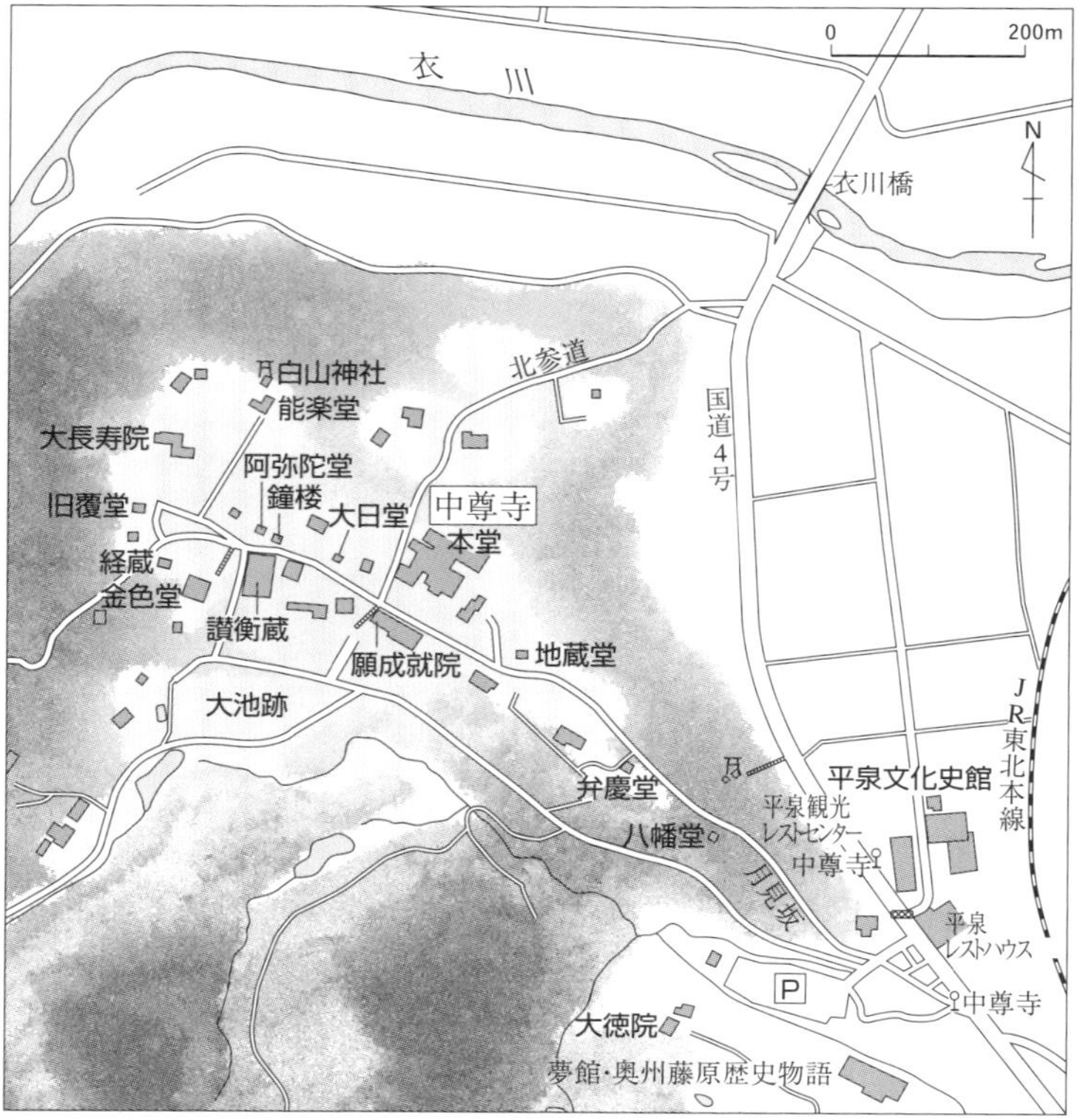

中尊寺地区案内図

中尊寺参道(月見坂)

が横たわっている。清衡も、この雄大な眺めに接して、みずからがたどってきた人生を顧みることがあったであろうか。

ただし、清衡が構えた平泉の宿館があった具体的な場所はわからない。秀衡《ひでひら》の宿館が無量光院《むりょうこういん》の近くに、基衡《もとひら》の宿館が毛越寺《もうつうじ》の近くに、それぞれあったとみられることからすれば、清衡のそれは中尊寺近くにあったとするのが自然かもしれない。中尊寺の大池跡の近くでは、清衡の時期に用いられた宴会の食器(かわらけ)が出土し始めている。発掘調査が進展すれば、宿館の建物跡なども、出土することになるかもしれない。

だが、秀衡の宿館があった柳之御所《やなぎのごしょ》遺跡でも、北上川をみおろす辺りから、清衡の時期に用いられた宴会の食器が出土している。それによって、清衡の時期にも、迎賓館のような建物があったことが予想される。ひょっとすると、宿館そのものであった可能性もないではない。ごく最近には、柳之御所を取り囲む長大な空堀《からぼり》が、清衡によって開削されたことも明らかにされている。ますますもって、その可能性が高くなりそうな気配である。発掘・調査のさらなる進展が待たれるところである。

清衡の平和戦略

清衡の前半生は、苦難と戦乱の連続であった。前九年合戦《ぜんくねんかっせん》▲（一〇五一〜六二）によって、父親経清《つねきよ》が安倍《あべ》氏と運命を共にしたあとに、母親は清原武貞《きよはらのたけさだ》のもとに再嫁させられた。清衡は、母親の連れ子として、清原氏の保護下に暮すことになった。母親が、安倍名跡の継承者として、それなりに遇せられていたとはいえ、清衡にとって快い日々であったはずがない。なにしろ、父親を殺した清原の族人に取り囲まれての生活だったのだから。

後三年合戦《ごさんねんかっせん》（一〇八三〜八七）によって、清原氏は滅亡した。清衡は、ようやく独立の勢力を打ち立て、藤原《ふじわら》の姓を名乗ることができた。しかし、その間には、妻子を殺されたり、反対に弟家衡《いえひら》を殺したり、という修羅場《しゅらば》に何度も遭遇しなければならなかった。

独立の勢力を打ち立てたあとにも、多くの戦乱が待ち受けていた。奥州《おうしゅう》の覇権を掌握して平和を実現しようとするならば、それらの戦乱に勝ちぬいていく以外にはない。その間にも、またまた、数多くの人命が失われることになった。

一一〇〇年のころ（康和《こうわ》年間）、都市平泉を建設し、奥州の統治を始めるに際

▼前九年合戦　奥六郡の軍事首長安倍氏が、歴代の陸奥守と対立・抗争した末に、鎮守府将軍《ちんじゅふしょうぐん》・陸奥守 源 頼義《みなもとのよりよし》と山北三郡の軍事首長清原氏の連合軍によって滅亡させられた戦争。前九年の役とも。一〇五一（永承《えいしょう》六）年から六二（康《こう》平《へい》五）年におよぶ。合戦が終り、源頼義が帰京したのちには、清原氏の天下になった。清衡の父親、経清は、陸奥国府の幹部クラスの官人だったが、妻の縁で、安倍氏に味方して、殺された。

して、清衡がいだいた最大の政治目標は、人心の安定、それによる恒久的な平和の実現、ということであった。そのためには、敵味方に分かれて殺し殺された人びとの怨念(ルサンチマン)を、なんとしても解消させなければならない。具体的には、清衡に対する人びとの敵対心をやわらげて、畏敬の念を生じさせるように仕向けなければならない。

清衡が、中尊寺伽藍群の造営に乗りだした背景には、そのような差し迫った事情があったようだ。血にまみれた前半生に対する清衡自身の反省の気持ちも、もちろん、なかったとはいえない。その昔、インド・マガタ国のアショーカ王が、殺戮《さつりく》の前半生ののちに、熱心な仏教保護者に変身したことが想起される。

そのうえに、仏教モデルによる国づくり、仏教モデルによる町づくりが、古代における中国長安モデルによる国づくり・町づくりにかわって、主流を占める時代が到来しつつあった。清衡は、そのような時代の流れの最先端を意識していたのかもしれない。

中尊寺「鎮護国家大伽藍一区」の建設に際して読み上げられた「供養願文《くようがんもん》」に、清衡は、「俘《ふ》囚《しゅう》の上頭《じょうとう》▲」「東夷《とうい》の遠酋《おんしゅう》」と、みずからを記している。しかし、父方

▼俘囚の上頭　古代国家に従わない東北地方の原住民は、蝦夷《えみし》と呼ばれた。しかし、十世紀に入るころからは、俘囚と表記されることが多くなった。彼らの多くが国家に従うようになったことによるものであろうか。その上頭とは、彼らを束ねるリーダー、地元勢の代表、という意味であったろうか。俘囚上頭という特別の役職があったわけではない。東夷の遠酋についても、同じことがいえそうだ。

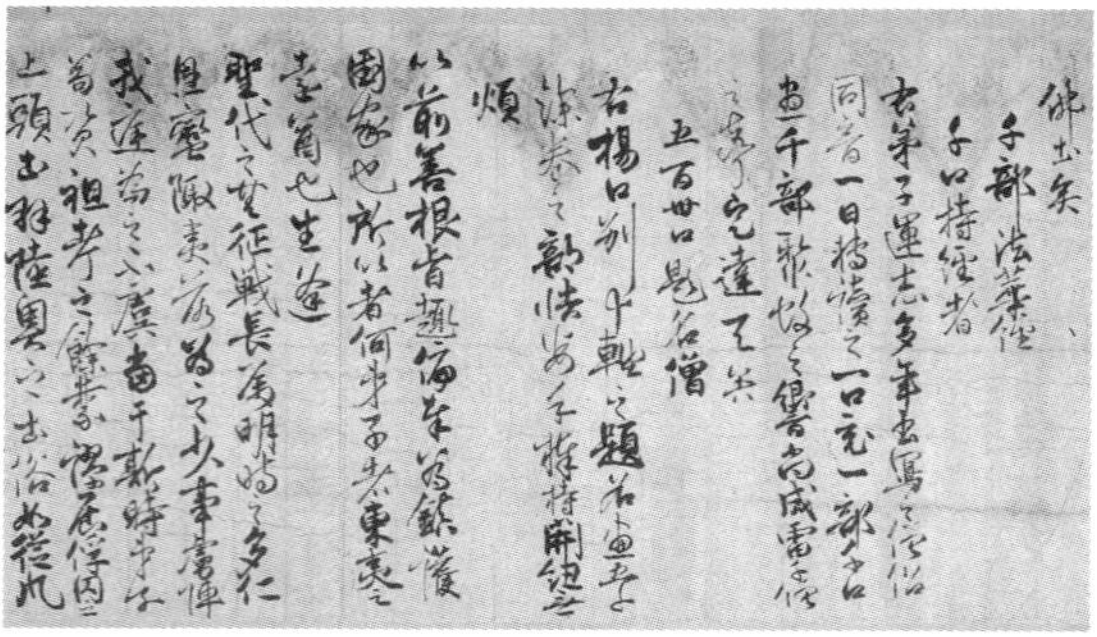

●――中尊寺供養願文「東夷之遠酋」「俘囚之上頭」部分

の血統をみるならば、それはあたらない。秀郷流《ひでさとりゅう》藤原氏の、さかのぼれば京都藤原氏の血統に属することは、父親経清の生い立ちによっても明々白々である。中尊寺金色堂にまつられている清衡のミイラに、京都風の特徴（顔立ち）が具《そな》えられていたこともある。

　それなのに、俘囚・東夷の血統を強調しているのは、安倍・清原の在地勢力の継承者であることを内外にアピールするためだった。それによって、内外の人心を掌握して政権を安定させるためだった。ただし、母方の血統をみるならば、そのような表現もあたらないではない。半分は真実であった。

　総論は、ここまでである。つぎには個別・具体的に、清衡による中尊寺伽藍群造営の実際について立ち入って観察することにしたい。例によって、「寺塔已《じとうい》下注文《かちゅうもん》」の記載が頼りである。

多宝寺と法華経塔

　清衡が最初に多宝寺（最初院）を建立するに際して、奥州の中心を定めて、寺地を決定することになった。そのために、白河関《しらかわのせき》から外《そと》が浜《はま》にいたる奥大道

●─多宝寺想像画（入江正巳作「中尊寺法華説相図」）

▼法華経　正式には妙法蓮華経《みょうほうれんげきょう》。二八品（巻）からなる。天台教学《てんだいきょうがく》の根本を開示する経典として、東アジア世界に流伝した。壮大な宇宙観をもって知られる。如法経《にょほうきょう》とも。それを読誦したり、書写・奉納したりすることには、絶大な功徳があると信じられた。

の長い道筋、徒歩にして二〇日余りの道筋を一町（一〇八メートル）いくごとに笠卒塔婆《かさそとば》を立て、距離を測定する方法が採用されたという。その笠卒塔婆のうえには、金色阿弥陀像《あみだぞう》が図絵《ずえ》されていたともいう。その結果、関山の地が寺地に決定されることになったのだとされている。

　そもそも、関山の辺りは、平泉の玄関口を扼《やく》する戦略的拠点である。そのうえに奥州の中心ということになれば、ますますもって好都合である。寺塔を建立するにあたって、清衡は、そう確信したにちがいない。

　多宝寺には釈迦如来《にょらい》と多宝如来が安置されていた。その差し向かいには、一宇の塔が建立されて、法華経《ほけきょう》▲が奉納されていた。そして、中間のスペースには、旅人が往来する関路《せきろ》が設営されていた。

　釈迦如来と多宝如来が、地中から湧出した壮麗かつ壮大な宝塔に並座して、三千大千世界《さんぜんだいせんせかい》・四百万億《よんひゃくまんおく》世界の諸仏に向かって説法するという魅力的な物語は、『法華経』見宝塔品《げんほうとうほん》に記されて、東アジア世界の各地に流伝した。シルクロードでも、釈迦・多宝並座のレリーフが発掘されている。日本では延暦寺《えんりゃくじ》如法堂《にょほうどう》などに、法華経（如法経）を奉納する塔が安置され、両尊の像が左右にセ

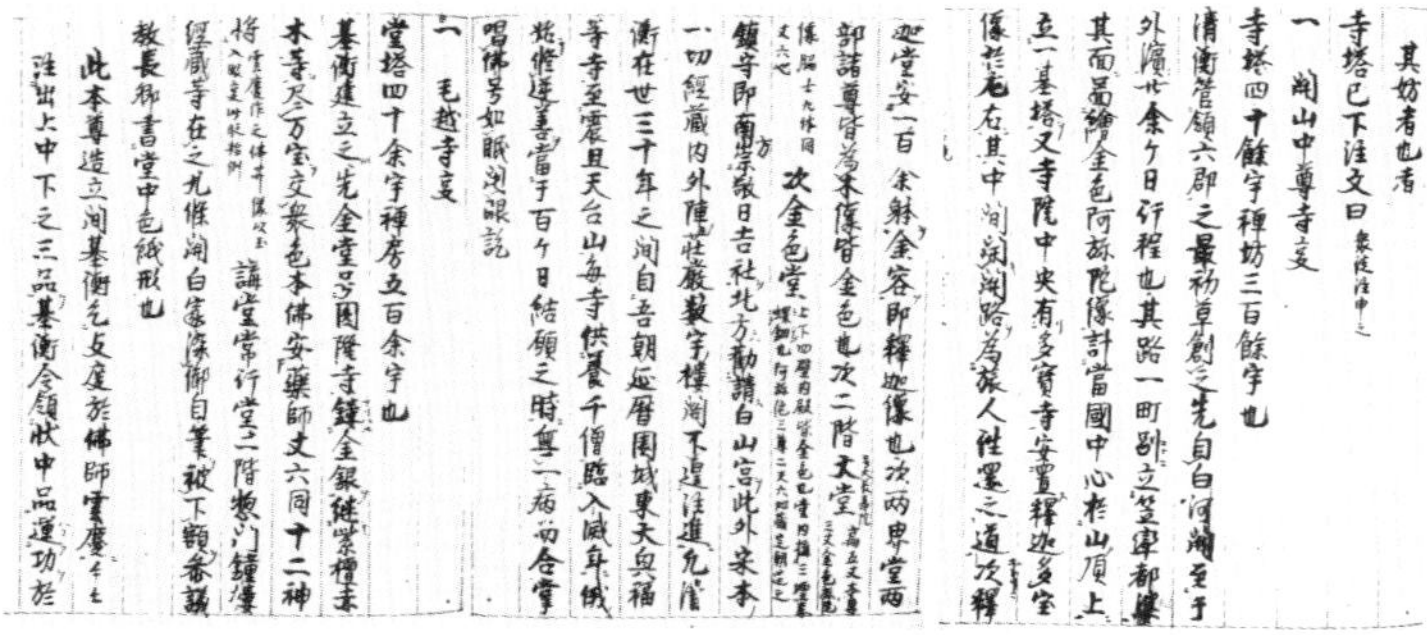

其妨者也者
寺塔已下注文曰
一 関山中尊寺事
寺塔四十餘宇禅坊三百餘宇也
清衡管領六郡之最初草創之先自白河関至于
外濱廿余ケ日行程也其路一町別立笠率都婆
其面図絵金色阿弥陀像計当國中心於山頂上
立一基塔又寺院中央有多宝寺安置釈迦多宝
像於左右其中間開関路為旅人往還之道次釈
迦堂安一百余躰金容即釈迦像也次両界堂両
部諸尊皆為木像皆金色也次二階大堂
次金色堂
鎮守即南方崇敬日吉社北方勧請白山宮此外宋本
一切経蔵内外陣荘厳数宇楼閣不遑注進凡清
衡在世三十年之間自吾朝延暦園城東大興福
等寺至震旦天台山毎寺供養千僧臨入滅年俄
始逆善当于百ケ日結願之時無一病而合掌
唱仏号如眠閉眼訖
一 毛越寺事
堂塔四十余宇禅房五百余宇也
基衡建立之先金堂号円隆寺鏤金銀継紫檀赤
木等尽万宝交衆色本仏安薬師丈六同十二神
将
講堂常行堂二階惣門鐘楼
経蔵等在之九条関白家染御自筆被下額参議
教長卿書堂中色紙形也
此本尊造立間基衡乞支度於仏師雲慶
注出上中下之三品基衡令領状中品運功於

●「寺塔已下注文」関山中尊寺部分（『吾妻鏡』）

ットされるような格好になっている。

奥州の中心を定めて多宝寺を建立するということは、両尊が並座する宝塔を大宇宙の中心に位置づける法華経思想のハイライトを真正面から受け止めるということにほかならない。

この多宝寺の創建によって、平泉は奥州世界の精神的な中心として認知されることになった。それにともなって、寺を建てた清衡に対しても、奥州の第一人者にふさわしい尊敬がよせられるようになった。軍事首長《しゅちょう》としての権勢だけではつくりだすことのできない政治的・文化的な権威が備わって、人びとの自発的な服従がえられるようになった。それによって、血なまぐさい覇権争いの歴史に終りを告げて、平和の歴史を始めることが可能になった。

清衡は、奥羽両国にある一万余の村々に、村ごとに伽藍を建て、仏性燈油《ぶっしょうとうゆ》田《でん》を寄進したとも伝える。それらの村々の伽藍に安置された諸仏は、法華経でいえば、三千大千世界の諸仏に相当すると考えられていたらしい。すなわち、平泉多宝寺に安置された両如来が奥州世界の中心を体現するものとして位置づけられていたのに対応して、それらの村々の諸仏は奥州世界の空間的な広がりを体現する存在として位置づけられていたらしい。

みちのくの幹線道路

奥大道はみちのくの幹線道路であった。その長い道筋は、今日の東北縦断自動車道路のそれに近似している。その交通の安全を確保するためには、長距離にわたる路面の維持・管理、夜討《ようち》・強盗の取締り、通行料の勝手な取立ての制禁など、恒常的な営為が必要とされた。そのためには、清衡の権力だけでは足りない。古代日本の幹線道路には天皇の威光による裏付けがあったが、中世の世には頼りになる裏付けがない。それを補うためには、万人が利用する公共の道路、仏《ほとけ》の意志にかなった聖なる道ということにして、沿道の上下の人びとの合意を取りつけるしかない。道路維持につくせば、仏の救済が約束されるということであったろうか。

奥大道の沿線に金色阿弥陀像を図絵した笠卒塔婆が立てられることになったのは、そのような高次元の考え方に従ったものではあるまいか。すなわち、一町ごとの笠卒塔婆には単なる里程表示を越えた高度な役割が期待されていたの

●─北方世界に通じる奥大道

●─笠卒塔婆復元模型

ではあるまいか。

同じころに、アンコールワット(ヒンズー寺院)で有名なクメール王国では、首都から延びる幹線道路の要所要所に神像が配置されて、「王道」としての権威が保障されるシステムになっていた。

このような笠卒塔婆が立てられたことに関しては、疑問視する学者が多かった。話が大きすぎる。笠卒塔婆の実物が発掘されていない。などの理由によるものである。しかし、最近では、真実性を認める意見がだされるようになってきた。紀州《きしゅう》高野山《こうやさん》参道や薩州《さっしゅう》阿多《あた》郡観音寺《かんのんじ》参道に、地頭《じとう》らによって、町《ちょう》石卒塔婆・万本《まんぼん》卒塔婆が立てられたことなどが類例として注目されている。絵巻物《えまきもの》に描かれた笠卒塔婆から奥大道に立てられたその姿を復元する試みも、藤島亥治郎氏によってなされている。柳之御所遺跡の発掘などによって、「寺塔已下注文」における関連記事の真実性が確かめられたこともある。そのうえに、清衡は陸奥国《むつのくに》押領使《おうりょうし》の職に任命されていた。この職には、官物《かんもつ》・年貢《ねんぐ》の京進を警護する、ひいては幹線道路の安全を確保する責務が含まれていた。それならば、ますます真実味が増大することになるであろうか。

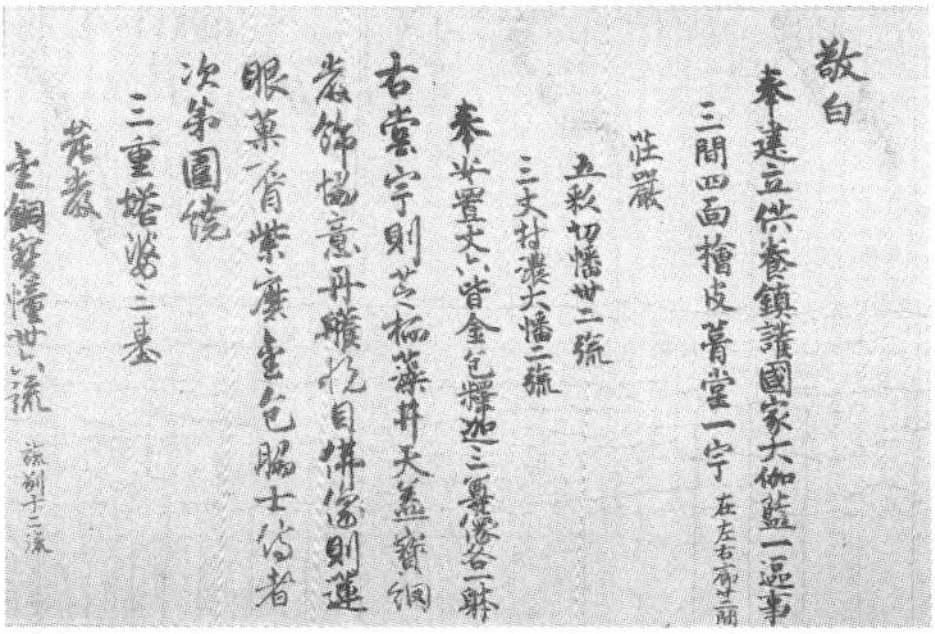
敬白
奉建立供養鎮護國家大伽藍一區事
三間四面檜皮葺堂一宇
荘厳
五彩切幡卅二旒
三丈村濃大幡二旒
奉安置丈六皆金色釋迦三尊像各一躰
次第圖繪
三重塔婆三基

●中尊寺供養願文「鎮護国家大伽藍一区」部分

鎮護国家大伽藍一区

清衡が造営した中尊寺の伽藍群のうちで最後に位置づけられるのが、「鎮護国家大伽藍一区」である。その落慶供養に際して読み上げられたのが、有名な「中尊寺供養願文《がんもん》」である。それによって、大伽藍のありさまを、復元してみたい。

大伽藍の中心（本堂・金堂とも）は釈迦堂であった。丈六皆金色釈迦三尊像《じょうろくかいこんじきしゃかさんぞんぞう》の本尊が、脇士侍者《わきじじしゃ》（小釈迦像一〇〇体・四天王像《してんのう》）に守られるようにして安置されていた。周辺には三重の塔（塔婆）が三基も建てられていて、摩訶毘盧遮那如来《まかびるしゃなにょらい》三尊像が、それぞれに安置されていた。そして、二階瓦葺《かわらぶき》の経蔵《きょうぞう》には金銀泥一切経《きんぎんでいいっさいきょう》が奉納され、等身皆金色文殊師利尊像《とうしんもんじゅしりそんぞう》一体に守られていた。二階鐘楼《しょうろう》、大《だい》門《もん》、築垣《ついがき》などの施設も整えられていた。大池には反橋《そりはし》・斜橋がかけわたされ、龍頭鷁首《りょうとうげきす》の船が浮かべられていた。

百体釈迦堂《ひゃくたいしゃかどう》をまつる設計プランは、関白《かんぱく》藤原頼通《よりみち》造営の法成寺《ほうじょうじ》釈迦堂のそれにならったと考えられている。そういえば、同じく清衡の造営になる大長寿院二階大堂（九体阿弥陀堂）についても、法成寺阿弥陀堂にならったと考えられている。最初に造営された多宝寺・法華経塔が比叡山延暦寺《ひえいざんえんりゃくじ》如法堂にならっ

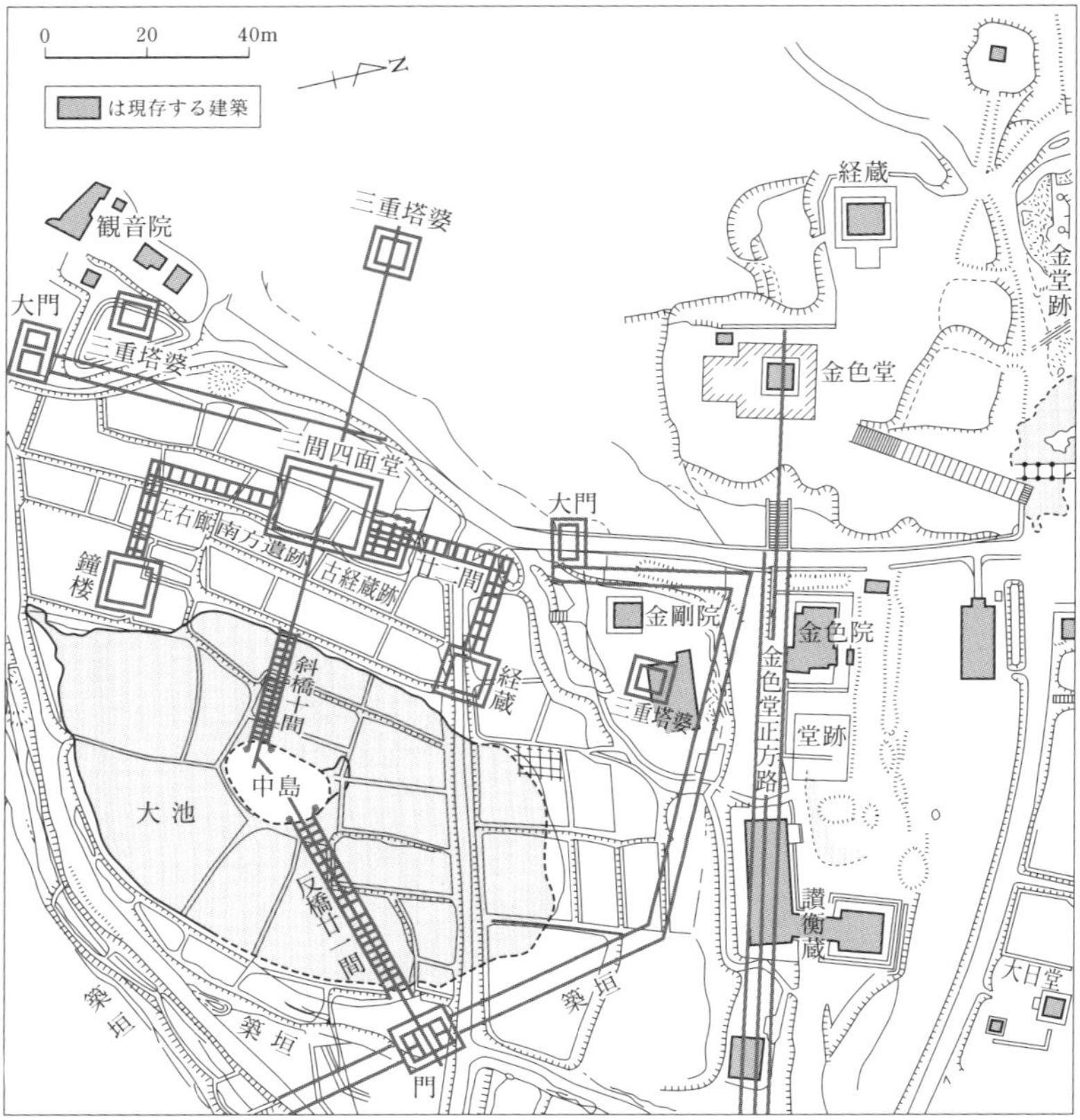

●──中尊寺供養願文伽藍構想図（藤島亥治郎「平泉中尊寺の構想と現実」『建築史学』30, 1998年より）

●──中尊寺大池跡

ていたと考えられるのに比べれば、ずうっと、新しいモデルになっているといえようか。

それに対して、二代基衡の毛越寺は白河天皇御願の法勝寺《ほっしょうじ》に、三代秀衡の無量光院は鳥羽《とば》上皇《じょうこう》御願の勝光明院《しょうこうみょういん》の設計思想に学んで、宇治平等院《うじびょうどういん》をモデルにしていた。代を重ねるごとに、加速度的に新しいモデルが採用されていることが知られる。それぞれのモデルの採用のたびに、どのような議論が交わされることがあったのか。知りたいものである。

いずれにしても、京都における各時代の寺院モデルが平泉に取り入れられてきた経過については、疑うことができない。京都四〇〇年間の寺院モデルの変遷が、平泉一〇〇年間のそれによって集約的に表現されているのである。京都仏教文化のエッセンスが、辺境平泉の地に再現されているのである。まことに興味深い。平安後期における浄土信仰《じょうどしんこう》の広がりのなかでだけ平泉の仏教文化を理解しようとする通説は、反省されなければならない。

大伽藍の名称が中尊寺であったことは疑うべくもない。「願文」に、その名称が記載されていないのは、当時の作法《さほう》に従ったまでである。あやしむには足りない。その名前が、多宝寺(最初院)・大長寿院(二階大堂)などをも包摂する伽藍群の総称になったのは、大伽藍の格式からして当然の成り行きであった。

大伽藍は、現在の中尊寺境内《けいだい》、金色堂を見上げる大池跡の辺りに建てられていたと考えられる。藤島亥治郎・菅野成寛・川島茂裕の諸氏による指摘のとおりである。その遺構が、発掘調査によって、解明される日が待ち遠しい。

その「供養願文」に記された「出羽陸奥《でわむつ》の土俗《どぞく》、風に従う草の如《ごと》し」、「粛慎《しゅくしん》▲挹婁《ゆうろう》▲の海蛮《かいばん》、陽《ひ》に向かう葵《あおい》に類《に》たり」という表現からは、清衡の威風が奥州の全域から夷《えぞ》が島《しま》・オホーツク海・サハリン沿海州方面にまでおよんだことが察知される。同じく、「垂拱寧息《すいきょうねいそく》三十余年」の表現からは、清衡による平和が達成されて長期におよんだことが明らかである。

「歳貢《さいこう》の勤《つとめ》を亨《う》けて、職業に失なし」、「羽毛歯革《うもうしかく》の贄《にえ》、参期《さんき》に違《たが》うことなし」という表現からは、広大な北方世界に暮す多種多様な住民集団によって進上された物産を束ねて京都朝廷《ちょうてい》に貢上する、しかも毎年に恒常的に、という「職業」(職責)をもって、清衡が自認していたことが知られる。「羽毛歯革の贄」の内容が、鷲《わし》羽・水豹《あざらし》皮など、北方の物産であることについてはもちろんである。そ

▼**粛慎**　サハリンから北海道北・東部、千島《ちしま》列島にかけて居住域を拡大した人びとだったらしい。海獣の捕獲や毛皮の交易によって、生計を立てていたようだ。オホーツク文化を担った人びとだったらしい。

▼**挹婁**　中国古代に、沿海州からアムール川下流域にかけて居住域を拡大した人びとだったらしい。狩猟・漁労のほかに、交易に携わっていたようだ。靺鞨《まっかつ》系の人びとに親近の間柄だったらしい。のちには、渤海《ぼっかい》国の統治下に置かれたようだ。

のような「職業」を果たしたればこそ、清衡の政権は京都朝廷によって敵対視されることなく、平和的な環境を保つことができたのである。巧みな外交政策である。「ここによって、乾懺《けんりん》しきりに降り、遠く奉国の節を優《あつ》くし、天恩《てんおん》改まることなし」と記されているのは、京都朝廷の信頼を勝ちとることに清衡が成功した端的な表れである。

御願寺の看板をいただいて

鎮護国家大伽藍一区の造営目的は、そのような京都朝廷による信頼に感謝すること、具体的には、王家の御願寺の看板をいただいて、白河法皇・鳥羽上皇・崇徳《すとく》天皇以下の長生《ちょうせい》・安穏《あんのん》を祈ることにあった。そのころ、京都郊外の鳥羽・白河の辺りでは、法皇・上皇ほか、王家の人びとによって、御願寺がつぎつぎに造営され、鎮護国家の法会《ほうえ》があいついで挙行されていた。建寺造仏事業の波及効果によって、人びとの暮しにも賑わいがもたらされていた。だが、京都から遠く離れた地方に、しかも清衡のような地方豪族によって王家の御願寺が造営されるなど、あったためしがない。清衡による王家御願寺の造営は、世間の常識を越えた破天荒《はてんこう》きわまりないものであった。よくも、看板を許してもらえたものだ。巧みな陳情が展開されたのにちがいない。その「願文」の起草が文章博士《もんじょうはかせ》藤原敦光《あつみつ》に依頼されていることについても、同然である。敦光は当代随一の知識人であり、鳥羽法皇の御願寺、勝光明院の供養願文の起草者でもあった。そのような人物に、地方の清衡が依頼することができたのはなぜか。よほどの秘計がめぐらされたのにちがいない。

落慶供養の当日には、一〇〇〇部の法華経が、一〇〇〇口(人)の持経者《じきょうしゃ》によって同音に読み上げられ、同じく五〇〇〇余巻の一切経《いっさいきょう》▲が五三〇口の僧によって題名を読み上げられた。このように一〇〇〇人規模の僧による盛大な供養を千僧供《せんぞうく》という。千僧供の主催者になることは、天皇・上皇・摂関《せっかん》など、限られた人びとにしか許されていなかった。それも、限られた機会にしか許されていなかった。それなのに地方の清衡が主催者になることができたのはなぜか。これまた疑問を禁じえない。いずれにしても、奥州ではみたこともない盛儀に、大勢の老若男女が魂をゆさぶられ、清衡の偉大さを印象づけられることになった。それにはまちがいがない。

▼**一切経**　経《きょう》・律《りつ》・論《ろん》からなる一切の(すべての)仏教経典を総集したもの。大蔵経《だいぞうきょう》とも。五〇〇〇余巻からなる。それぞれの巻の題名を読み上げるだけでも、絶大な功徳があると信じられた。全巻の内容を書写・奉納するためには、莫大な人力と財力が必要とされた。

「願文」の末尾には、法皇の上寿《じょうじゅ》をそえるとともに、在世中は法皇の恩徳《おんとく》に浴し、死後は安養《あんにょう》の郷《さと》（極楽）に往生したいとする「弟子《ていし》清衡」の願いが記されていた。このように、鎮護国家のために、王家の御願寺として造営され大伽藍一区の願文のなかに、清衡個人の往生の願いが記されていることは尋常でない。王家の御願寺という看板はあれども、実質においては清衡のリーダーシップ（勧《かん》進《じん》）によって造営されたという特異な成り立ちが、そのような例外を可能にさせたのであろうか。

「願文」の終りには、「弟子正六位上《しょうろくいじょう》藤原清衡敬白」の文字が付記されていた。正六位上の位階《いかい》は、陸奥守《むつのかみ》の従五位下《じゅごいげ》におよばない。その直下にもあたらない。ましてや、院《いん》の近臣《きんしん》に比べるべくもない。しかし、清衡の政治的・社会的地位の実質においては、王家御願寺の造営者になった瞬間に、陸奥守のそれをも、院の近臣のそれをも、凌駕《りょうが》するレベルに到達することができたのである。

鎮護国家大伽藍一区の造営は、清衡が内外の人心を掌握するうえで不可欠のプロジェクトであった。清衡の国づくりのなかで、核心的な位置を占める政治的・文化的事業であった。清衡の国づくりが、「仏教立国」の言葉をもって語られる背景には、そのような事情があったのである。多宝寺・法華経塔の建立をあわせ考えるならば、ますますもって、その観が強い。

金銀泥一切経を書写・奉納する

鎮護国家大伽藍一区の供養願文には、金銀泥一切経▲一部五〇〇〇余巻が書写されて、二階瓦葺の経蔵一宇《う》に奉納されたことが記されていた。

南都《なんと》・北嶺《ほくれい》の諸大寺には、あらゆる仏典を網羅する一切経が、中国から将来され、大切に保存され、書写されてきた。一切経を奉納する経蔵は、寺院の図書館ともいうべき存在であった。寺院における高度な教学活動を維持することは、一切経がなければかなわない。一切経がなければ、国際水準に合致した一流の寺院とはいえない。

紺紙《こんし》のうえに、金泥・銀泥を一行ごとに交互に用いながら文字を書き連ね、玉軸にまいて、美麗な経巻《きょうかん》を仕上げていくという根気の要《い》る書写作業には、八年の歳月が必要であった。原本となる多くの経巻を京都方面から借り集めることが必要であった。執筆にあたっては、経蔵別当蓮光《べっとうれんこう》をリーダー（奉行《ぶぎょう》）とする

▼**金銀泥一切経**　紺色の紙に、金泥・銀泥を行ごとに交えて書写しているので、紺紙金銀交書一切経とも呼ばれる。日本には先例がないが、中国では、九二三年に、「仏教立国」をもって知られる閩《びん》国の王審知《おうしんち》が、四セットの金銀泥一切経を書写・奉納したことが知られる。その先例に、清衡はならったのかもしれない。

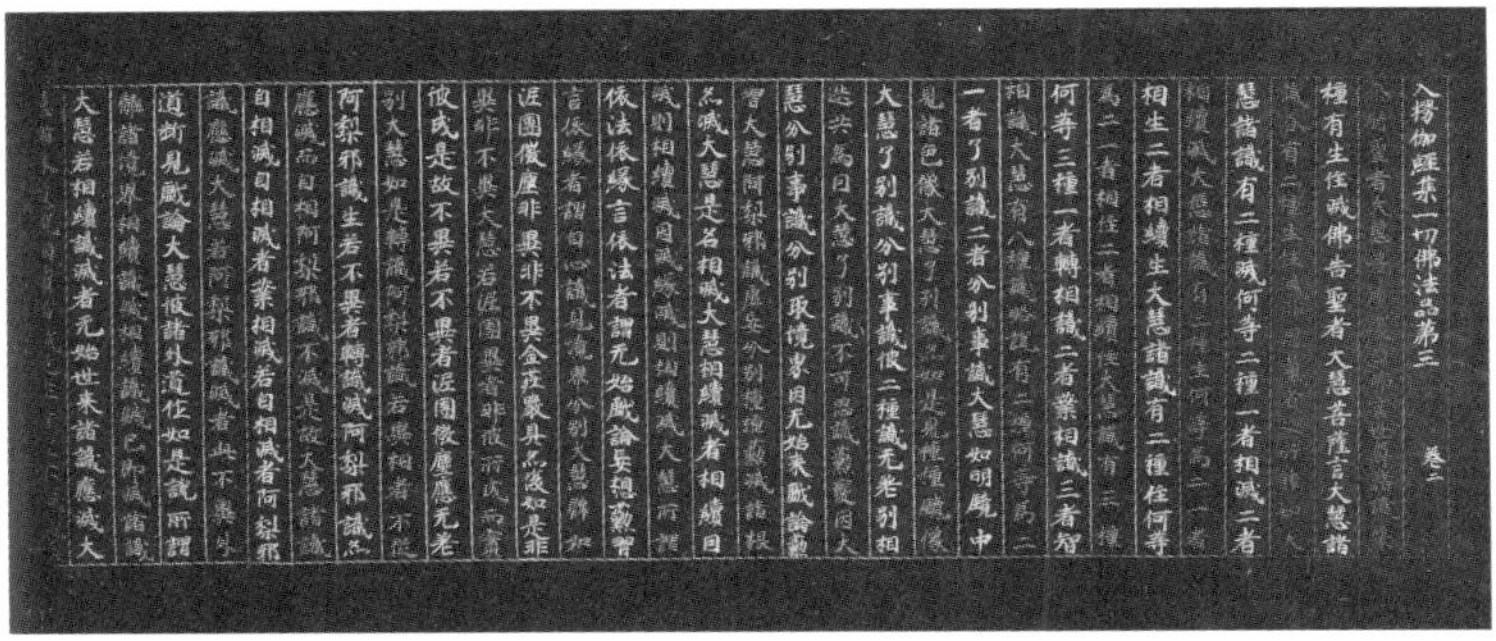

●金銀泥一切経

大勢の僧衆の協力をえなければならなかった。美術・装丁にあたる大勢の職人衆も雇いいれなければならなかった。

たとえば、大方広仏華厳経《だいほうこうぶつけごんきょう》巻十奥書《おくがき》には、「執筆金剛《こんごう》弟子僧永昭《えいしょう》　大檀那《おおだんな》散位《さんい》藤原清衡　女施主平氏《せしゅへいし》」の文字が記されていて、執筆と執筆依頼者（パトロン）との関係が、しっかりと明示されていた。執筆依頼者（パトロン）については、「大檀主藤原清衡　北方《きたのかた》平氏　六男三女所生」などの文字もみえていて一定しないが、清衡の肉親の範囲に限られていたようだ。

日本では、王家・摂関家の人びとによって金泥（字）一切経が書写・奉納された事例が知られている。平泉でも、二代基衡による書写・奉納がなされている。しかし、金銀泥一切経が書写・奉納された事例は、清衡のそれ以外にはみたことがない。ユニークそのものとしか表現のしようがない。美術品として名高い厳島《いつくしま》神社の平家納経《へいけのうきょう》は、平清盛《たいらのきよもり》の肉親によって書写・奉納された点で、清衡の場合と類似している。しかし、その内容は法華経ほか三二巻に過ぎず、清衡一切経の巻数には遠くおよばない。金泥・銀泥を用いた文字もみられない。

金色堂に眠る

清衡は、入滅《にゅうめつ》の年に臨んで、にわかに逆善《ぎゃくぜん》の修法《しゅほう》(供養)を始めた。生前に本人があらかじめ行う逆善の供養のほうが、死後に遺族が行う追善《ついぜん》の供養よりも、功徳《くどく》にまさるという考えによったものである。そして、百カ日の結願《けちがん》のときに、一病もなく、合掌《がっしょう》し、仏号《ぶつごう》を唱えて、眠るがごとくに目を閉じた。清衡七三歳。一一二八(大治《だいじ》三)年七月のことであった。

そのとき、清衡の手には、金色堂正面須弥壇《しゅみだん》に安置された阿弥陀仏から延ばされた五色の糸が、しっかりと握り締められていた。そして、清衡の心中は、阿弥陀仏の導き(引接《いんじょう》)によって、西方《さいほう》極楽浄土に往生できるという確信に満たされていた。千々和到・菅野成寛の両氏が指摘されているとおりである。

そのころ、京都の上流社会では、阿弥陀堂を建て、臨終のときを迎える作法が採りいれられていた。阿弥陀如来は無量光仏《むりょうこうぶつ》とも称されたから、阿弥陀堂は光堂《ひかりどう》とも称されることがあった。ところが、その京都貴族の作法を学ぶにあたって、清衡は光堂の文字のとおりに、光り輝く堂宇《どうう》に仕上げようと決心したのである。いかにも、清衡らしい発想である。法華経の世界観を文字どおりに

●中尊寺金色堂

受け止めて、奥州の中心に多宝寺（最初院）を建てたことにも相通じる大胆な発想である。奥州から大量の金がとれるということからだけでは到達しえない独自の発想である。

極楽往生をとげた人ならば肉体が腐らないという信仰に違《たが》うことなく、清衡の遺体はミイラになって、金色堂の正面須弥壇下におさめられ、永遠の眠りにつくことになった。その山下に展開する鎮護国家大伽藍一区の壮麗な建築群は、その清衡の遺体の眼差しによって慈《いつく》しまれ、保護されることによって、安全な祈りの空間をかたちづくることができた。同じく、基衡・秀衡らの子孫も、その眼差しによって、繁栄の暮しを送ることができた。柳之御所遺跡における秀衡の宿館が、金色堂の「正方」に位置づけられていたことは、そのなによりもの証明であった。清衡から秀衡に向けられた眼差しは、秀衡から清衡に向けられた先祖崇拝のそれと、同一線上でまじわっていたのである。

このように、寺院の創立者（開基《かいき》）が境内をみおろす辺りにまつられて祈りの空間の安全を見守るという風景は、さらには子孫の居住する空間を見守るという風景は、のちのちにまで引き継がれて、日本の伝統をかたちづくることになる。

マルコ＝ポーロの『東方見聞録《とうほうけんぶんろく》』には、ジパング国王の宮殿《きゅうでん》が、屋根も、床も、すべてが黄金づくりであったと物語られている。そのような黄金宮の物語が、何の理由もなしに中国方面にまで伝えられて、滞在のベニスの商人の耳にまで入ることになったとは考えられない。その理由として、初めに思いつくのは、日本から中国方面にもたらされる物産の最たるものが黄金（砂金《さきん》）だったことである。日本といえば黄金というイメージが、中国方面に流布していたということである。だが、より一層に踏み込んで、黄金宮のイメージの具体的な根源にまでさかのぼってみるならば、高橋富雄氏が指摘されているように、中尊寺金色堂の存在があげられるのではないか。とするならば、金色堂の存在は、蒙古《もうこ》襲来の遠因をかたちづくり、さらにはコロンブスによる「新大陸発見」の遠因をかたちづくることにもなった、という興味深い世界史的な連関を想定することにもならざるをえない。

④地下からよみがえる都市生活の風景

発掘された都市計画

都市平泉《ひらいずみ》を縦横に走る幹線道路については、最近の発掘・調査によって、かなりの程度に解明されつつある。たとえば、毛越寺《もうつうじ》・観自在王院《かんじざいおういん》の辺りには、基衡《もとひら》によって計画された縦横の道路が展開していた。それに対して、平泉《ひらいずみの》館《たち》・加羅御所《からのごしょ》・無量光院《むりょうこういん》の三点セットの辺りには、秀衡《ひでひら》によって計画された縦横の道路が、方位を若干異にしながら展開していた。それぞれの道路の方位（軸線）は、寺院・館・御所などの建物の方位を定める基準にもされていた。そのようなことがわかってきた。すなわち、基衡による都市計画と秀衡による都市計画のようすが具体的にわかってきた。それぞれに、基衡地割、秀衡地割と名づけられて、研究者の話題になっている。ただし、清衡《きよひら》の代については、都市計画というべきものがあったのか、どうか。いまだに解明されていない。

秀衡の都市計画においては、東西に延びる二本の軸線が強烈に意識されていた。その一本は、秀衡の平泉館から中尊寺《ちゅうそんじ》金色堂《こんじきどう》に連なる先祖崇拝の軸線であ

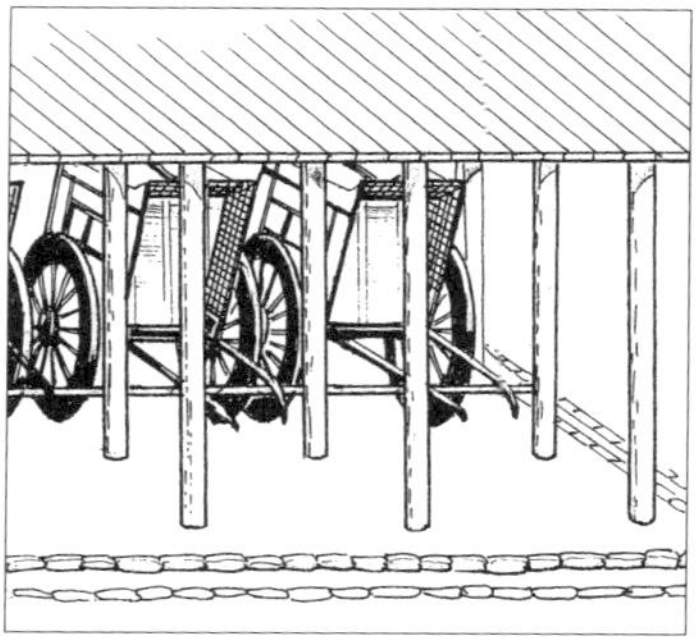

●——車宿跡(右)・同復元想像画

った。もう一本は、秀衡の加羅御所から無量光院本尊の頭上を経て金鶏山《きんけいざん》頂に連なる浄土信仰《じょうどしんこう》の軸線であった。前にも記してあるとおりである。

秀衡の平泉は、宗教の東西軸によってかたちづくられた不思議な都市であった。平安京《へいあんきょう》など、中国長安《ちょうあん》モデルに基づいた既存の都市が南北のメインストリート(朱雀大路《すざくおおじ》)を基軸にかたちづくられていたことに比べると、大きな違いである。平泉は、日本独自の仏教モデルによってかたちづくられた最初の都市であった。菅野成寛氏によって、「宗教都市平泉」と呼ばれているのには、それだけの事情があったのである。

ただし、南北の路線がなかったわけではない。たとえば、観自在王院の南大《なんだい》門《もん》に連なる南北の路には、数十町にわたって、倉町《くらのまち》▲が続き、数十宇《う》の高屋《たかや》(高層建築)が建ちならぶ光景が展開されていた。その辺りには、都《みやこ》大路に同じく、牛車《ぎっしゃ》が行き交う光景もみられた。近くには、数十宇の車宿《くるまやどり》が設けられて、牛車が格納されていた。「寺塔已下注文《じとういかちゅうもん》」に記されているばかりではない。発掘・調査によっても、観自在王院の西側で、一〇両分の車宿の遺構が検出されている。平泉は、東日本では唯一、牛車の行き交う都市だったのである。京都では、公《く》

▼倉町　倉が建ちならぶ街区。京都では院御所《いんのごしょ》や摂関家《せっかんけ》ほか有力貴族の邸宅の近辺に付属していた。主家の財産を収納・管理する重要な役割を果たしていた。御倉町《みくらまち》とも。倉町には職人や料理人なども詰めていて、主家の暮しをサポートする態勢が整えられていた。

●──高屋跡の大型柱穴群

家《げ》だけが牛車に乗ることを許されていた。武士には許されていなかった。平泉では、そのような身分規制にとらわれることがなかったのであろうか。

高屋遺構の発見

観自在王院跡の南方に広がる倉町《くらまち》遺跡で、これまでにみたことのない巨大な柱穴群が発掘されたという知らせがあったのは、二〇〇二(平成十四)年、秋十月下旬のことであった。早速に現場にかけつけて驚いた。なるほど、巨大である。

大きいもので口径一・五メートル、深いもので地下一・五メートルに達する。穴のなかにヘルメット姿の作業員が立つと、顔だけしかみえなくなる深さである。そのうえに、何本かの柱材が、ぬきとられないで、腐りもしないで、そのままに残されている状態で発掘されている。その直径は四〇〜五〇センチになるであろうか。しかも、丸太のままではなく、形を整えられ、八角形の面取りをほどこされている。

これほどに太い柱が、これほどに深くまで突き立てられていたとすれば、相

●唐招提寺宝蔵

当に背の高い建物が構築されていたのにちがいない。柱に八角形の面取りがほどこされているのは、みごとに整形された柱列を誇示するような建築形式、すなわち高床式《たかゆかしき》の倉庫のような建物だったことを示すものにちがいない。

場所からしても、高床式の背の高い建物を想わせる風情からしても、「寺塔已下注文」の記載からしても、それらの柱穴群は高屋の遺構にちがいない。一瞬にして、そのような判断に立ちいたった次第である。

今回発掘された建物の規模は、東西が五つの柱間（一二・五メートル）、南北が二つの柱間（六メートル）におよんでいる。相当な規模である。奈良唐招提寺《とうしょうだいじ》に現存する古代の「宝蔵《ほうぞう》」（校倉造《あぜくらづくり》・高床式）よりも、一まわり大きい。その東西に長い建物が、南北の大路に面して、すなわち東側の間口を南北の大路に接して、聳《そび》え立っていたありさまが明らかである。そのうえに、同じような建物が、大路の両側に、数十宇聳え立っていたというのだから、すばらしいことである。将来、いつの日にか、発掘調査によって、その具体的な風景が解明されることを期待したい。

『吾妻鏡《あずまかがみ》』には、秀衡・泰衡《やすひら》の政庁（平泉館）、すなわち柳《やなぎ》之《の》御所《ごしょ》遺跡に、もう

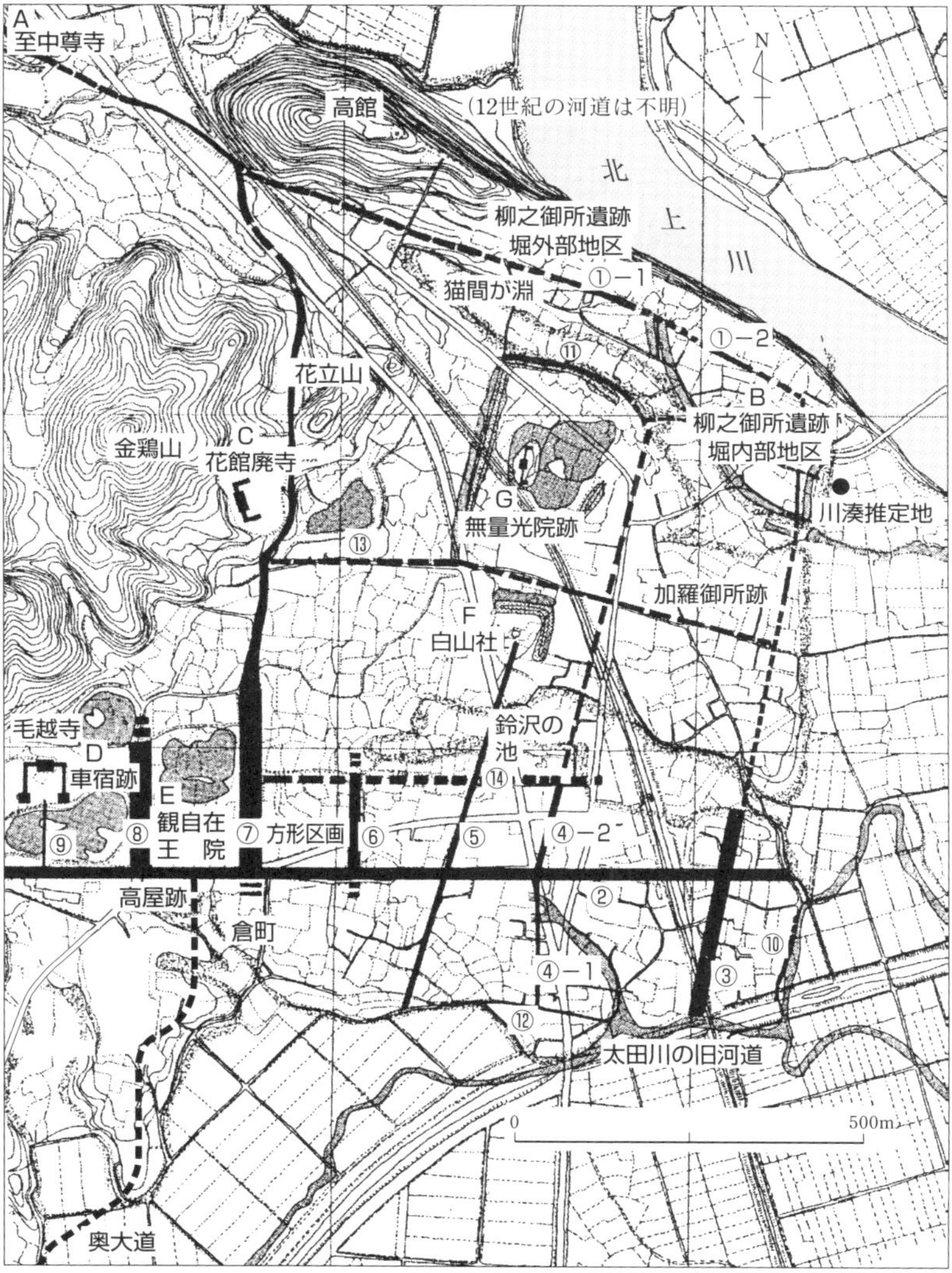

●──12世紀平泉の道路・施設（羽柴直人「平泉の都市景観をめぐって」所収原図に加筆訂正）

●——石山寺門前(京都郊外)の賑わい(『石山寺縁起』)

一つの高屋があったことが記されていた。そちらの高屋は、宝蔵・庫倉などともいいかえられていて、先祖代々の宝物を収納する正倉院《しょうそういん》クラスの倉庫であったことが知られる。牛玉《ごおう》・犀角《さいのつの》・象牙笛《ぞうげのふえ》・水牛角《すいぎゅうのつの》・紺瑠璃等笏《こんるりなどのしゃく》・金沓《きんのくつ》・玉幡《ぎょくのばん》・金花鬘《きんのけまん》・蜀江錦直垂《しょくこうきんのひたたれ》・不縫帷《ぬわずのかたびら》・金造鶴《きんづくりのつる》・銀造猫など、多くが海外ブランドの極致、北方の王者にふさわしい威信財《いしんざい》の数々である。

それならば、こちらの南北の大路にそった高屋にも、大事なものが収納されていたにちがいない。そちらの正倉院クラスの高屋にはおよばないが、平泉藤《ふじ》原《わら》氏の経済・通商活動を支えた戦略物資の数々が収納されていたにちがいない。具体的には、鷲羽《わし》・水豹皮《あざらし》ほかに代表される北方世界の物産、白磁《はくじ》・錦《にしき》ほかに代表される海外ブランドの数々が収納されていたことが想定される。今回発掘された柱穴から、多数の青白磁皿《せいはくじざら》や磁州窯系緑釉壺《じしゅうようりょくゆうつぼ》ほかが検出されていることは、その何よりの証明であろうか。

都市生活を彩る年中恒例の行事

二月には釈迦《しゃか》の涅槃《ねはん》(入滅《にゅうめつ》)をしのぶ常楽会《じょうらくえ》が、三月には千部会《せんぶえ》・一切経会《いっさいきょうえ》が催される。四月には釈迦の誕生にちなんで舎利会《しゃりえ》が、六月には新熊野会《いまくまのえ》・祇園会《ぎおんえ》▲が挙行される。そして、八月には放生会《ほうじょうえ》▲が、九月には仁王会《にんのうえ》▲が続く。

　これらの「寺塔已下注文」に記された祭りには、三〇人・一〇〇人・一〇〇〇人の講師・読師《とくし》(僧)が招かれ、三六人の舞人《まいびと》、三六人の楽人《がくじん》が呼びよせられるなど、大層な賑わいを示した。聴聞・見物の善男・善女にいたっては、数え切れないほどであった。祭りの会場から街頭にあふれでたパレードには、舞人・楽人が付き随《したが》い、美々《びび》しく飾り立てた屋台なども加わっていた。街頭には、大勢の見物人が集まって、黒山の人だかりであった。

　祭りの多くは、京都の祭りにならったものである。その当時、諸国の府中《ふちゅう》(国府のある中心都市)では、仁王会・放生会など、京都にならった行事が流行していた。平泉も、その例外ではない。平泉は府中そのものではないが、それに近い位置づけを有していたからである。とはいっても、平泉ほどに、徹底して京都にならった都市はなかったようだ。平泉は、京都についで賑やかな祭りが繰り広げられた不思議な都市であった。

　都市平泉の鎮守《ちんじゅ》としてまつられた神々をみても、同じことである。都市の中

▼**祇園会**　京都祇園社(八坂社)の祭。夏の疫病を防ぐためにまつる。旧暦六月七日・十四日に、神輿《しんよ》を送り・迎えるパレードにあわせて、種々の芸能が展開された。

▼**放生会**　京都郊外石清水八幡《いわしみずはちまん》宮《ぐう》の祭。捕えた魚・鳥などを放して、その功徳によって、天下泰平《てんかたいへい》を祈願する。生類《しょうるい》を憐れむ仏教の教えによるものである。鎌倉時代には、鶴岡《つるがおか》八幡宮でも、放生会が盛大に催されている。

▼**仁王会**　仁王経(仁王般若波《はんにゃは》羅蜜《らみつ》多経二巻・仁王護国般若波羅蜜多経二巻)を講じて、鎮護国家《ちんごこっか》を祈願する法会。古代国家によって、宮中・十五大寺・諸国国分寺《こくぶんじ》などで開催された。

●——京都祇園会の行列(『年中行事絵巻』)

央には惣社《そうじゃ》が、東方には日吉《ひえ》・白山《はくさん》の両社が、南方には祇園社・王子《おうじ》諸社が、西方には北野天神《きたのてんじん》・金峰山《きんぶせん》が、北方には今《いま》(新)熊野《くまの》・稲荷《いなり》が、それぞれまつられていた。同じく、「寺塔已下注文」に、記されているとおりである。そのうえに、「注文」には、「ことごとくもって、本社の儀を模《も》す」と記されていた。それらの諸社は、いずれも、中央で信仰された本社から勧請《かんじょう》され、その姿に模して造営されていたというのである。

祇園・北野天神・今(新)熊野・稲荷などの諸社が、洛中《らくちゅう》にあって、上下の信仰を集めていたことは周知のとおりである。日吉社は洛外《らくがい》にあったが、比叡山《ひえいざん》延暦寺《えんりゃくじ》の鎮守として、ひいては平安京の鎮守として、上下の信仰を集めていた。越前《えちぜん》の白山社についても、距離は離れているが、同じことがいえる。熊野詣《もうで》の道筋にまつられた王子諸社や吉野の金峰山についても、また然りである。

寝殿造《しんでんづくり》風の建築様式や、御所と御堂《みどう》が並存する景観ばかりではない。年中恒例の祭りのような、都市生活の核心部分をかたちづくる文化的・精神的な要素をも、秀衡は京都から取り入れようとしたのであった。

●—金鶏山経塚出土の経筒（経巻を収納する金銅製容器）と常滑甕《とこなめかめ》（外容器）

如法経の石を奉納する

毛越寺《もうつうじ》から東に延びる幹線道路（メイン・ストリート）の辺りでは、如法経《にょほうきょう》（法《ほ》華経《けきょう》）の石に関する興味深い木簡《もっかん》が出土している。使い捨てた折敷《おしき》を割った縦長の木片に墨書された文字列は、「トヤカサキノ、ニヨホウキヤウノイシヲ（ハ）、ケチエンニ、モタセタマフヘシ、イツカノヒヨリ、シウハチニチニ、ウツコシタマフナリ」と読解されている。普通の文章にすれば、「鳥屋が崎の如法経の石を（ば）、結縁《けちえん》に持たせ給ふべし、五日の日より、十八日に、打越給ふなり」ということになるであろうか。「ニヨホウキヤウ」を如法経と解釈できたのは、川島茂裕氏の教えによるものである。

これによって、如法経（法華経）を埋納する経塚《きょうづか》が築かれることになり、石積に用いる玉石《たまいし》を、結縁のために、各自が期日にあわせて持参するように勧められていたことがわかる。

経塚が築かれた鳥屋が崎は、毛越寺の辺りに延びる尾根の一つだったらしい。そして、経塚を築くのに、結縁のために、氏名や経文を墨書した玉石を持参することは、京風の作法《さほう》だったらしい。『平家物語《へいけものがたり》』には、平清盛《たいらのきよもり》が福原《ふくはら》（今は神

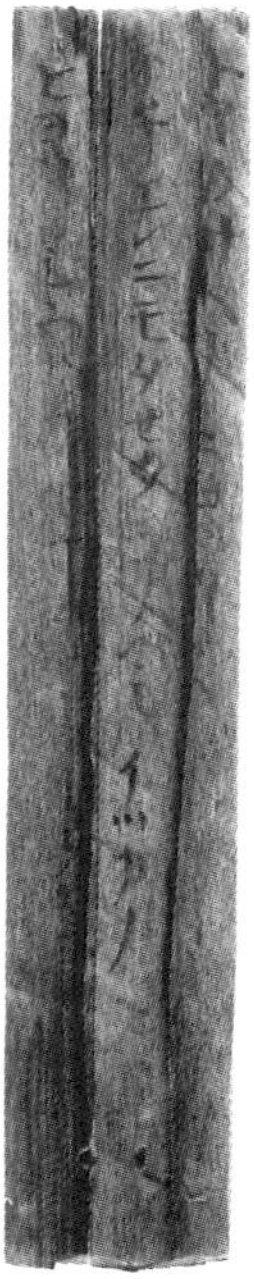

如法経石の木簡

遊具

碁石

将棋の駒

毬打《ぎっちょう》の毬

温石

北宋銭

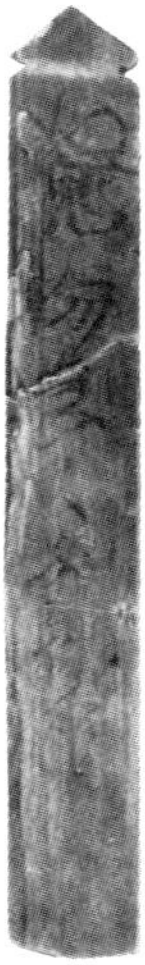

呪符

各種の形代

人面墨書土器

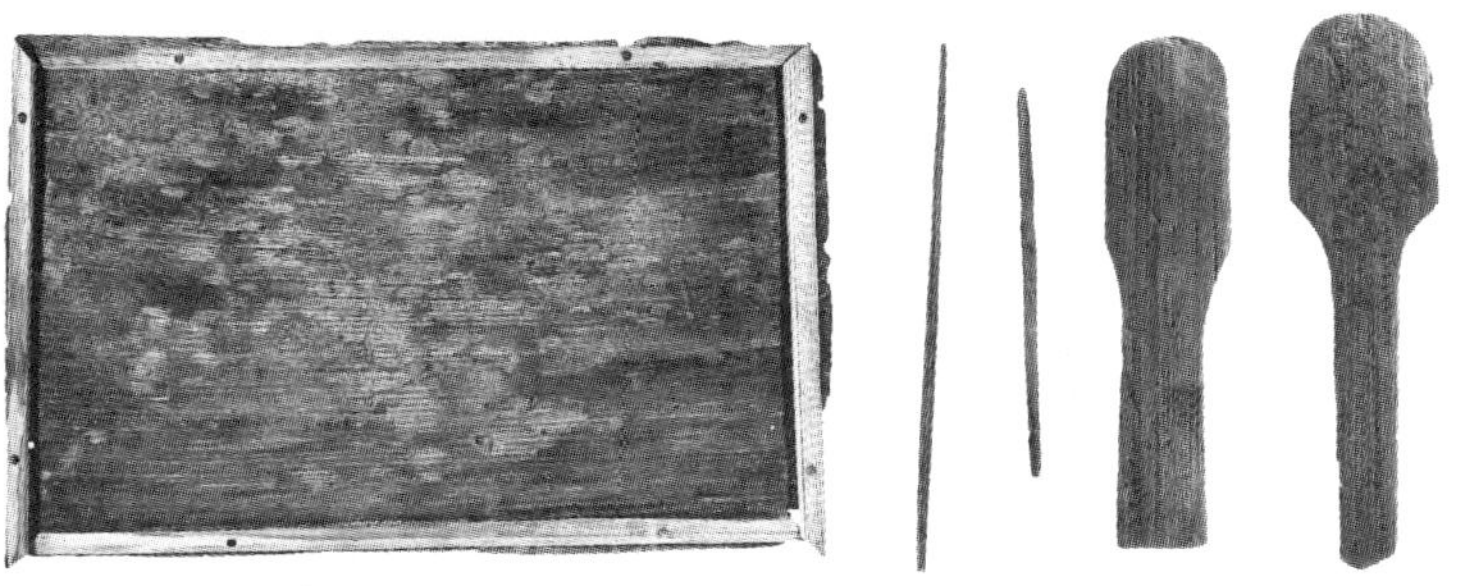

●杓子・箸(右)と折敷

戸市)の港を整備するために、経島《きょうがしま》を築くのに、一切経を墨書した玉石を積み上げたことが記されている。同じころ、越後《えちご》国の豪族《ごうぞく》、城氏《じょうし》によって築かれた経塚にも、数百個の礫《れき》(玉石)が積まれ、そのうち一〇個ほどに、長茂・貞円ほかの人名が墨書されていた(新潟県安田町教育委員会『横峯経塚群』一九七九年)。

ただし、都市平泉の住人ならば、だれでも参加できたわけではない。結縁のために、玉石を持参するように勧められたのは、秀衡の身内《みうち》の人びとに限られていたと考えられる。だが、それにしても、たいしたものである。京風の作法の取入れは、そのような精神生活の内面にまでおよんでいたのであった。

あそぶ・かう・いのる・たべる

日常の暮しに用いられた遊具・銭貨・呪符《じゅふ》・食器などが、都市域の随所で発掘されている。あたためて懐炉《かいろ》として用いる温石《おんじゃく》もみつかっている。北部九州産の滑石《かっせき》製である。身近に接すれば、八〇〇年余りの隔たりを越えて、人びとの楽しみや心配や寒さやらを肌身に感じとることができる。彼らも、われわれも、同じく、人間であった。

⑤—都市近郊の暮し

祇園社・達谷窟の風景

都市平泉を乗せている台地から離れて、近郊へ出てみれば、そこにも、関係する遺跡があることに気づかされる。

たとえば、太田《おおた》川を越えた南方には、祇園社《ぎおんしゃ》の木立《こだち》があって、当時に変わらない信仰を集めている。その近くから大型の建物や道路の遺構が発掘されている。かわらけ・陶磁器類も検出されている。

同じく、太田川を越えて奥大道《おくだいどう》を南西に進んで、山間部に差しかかる辺りには、達谷窟《たっこくのいわや》があり、西光寺《せいこうじ》が位置している。その昔、征夷大将軍《せいいたいしょうぐん》坂上田村《さかのうえのたむら》麻呂《まろ》▲が、鞍馬寺《くらまでら》を模して精舎《しょうじゃ》を建立し、多門天《たもんてん》像を安置したという名刹《めいさつ》である。その朱塗・舞台づくりの精舎の西脇絶壁には、鎮守府《ちんじゅふ》将軍 源 頼義《みなもとのよりよし》によってきざまれたという巨大な仏像が、風雪に耐えて、穏やかな表情をみせてくれている。一一八九(文治《ぶんじ》五)年、奥州合戦《おうしゅうかっせん》の帰りに、鎌倉殿頼朝《かまくらどのよりとも》が祈念をこらしたと記録されてもいる。平泉藤原氏にとっても、大事な寺院だったにちがいない。

●—祇園社(八坂神社とも)

▼坂上田村麻呂　北上川中流域の蝦夷《えみし》を征服して、古代国家の支配領域を大きく北進させた将軍。八〇二(弘仁元)年には、胆沢《いさわ》城を築いて鎮守府をおき、蝦夷の首長、阿弖流為《あてるい》を降伏させることに成功している。奥六郡《おくろくぐん》の原型は、田村麻呂によってつくられたといってもよい。鎌倉殿頼朝は、田村麻呂の再来として、みずからをアピールしたかったらしい。

都市平泉近郊地区案内図

達谷窟

磨崖仏

●—北上川東岸に広がる沖積低地

その境内《けいだい》でも、多数のかわらけが出土している。

北上川《きたかみ》を越えた東岸には、広大な沖積低地《ちゅうせきていち》が横たわっている。かつては、大河の乱流する荒野であった。今は、田畑になっているが、洪水にあえば、ひとたまりもない。一面の湖水になってしまう。第二次世界大戦後には、都市平泉を乗せている台地のうえにまで洪水が押しよせている。そのために、沖積地を遊水地《ゆうすいち》にあて台地の縁に長大な堤防を設ける計画が持ち上がって、柳之御所《やなぎのごしょ》遺跡が破壊される危機に直面することにもなった。保存を求める世論の高まりによって、堤防の位置がずらされて、遺跡の破壊は回避することができたが、遊水地の計画は予定どおりに進められている。

そのような場所に、平泉時代の遺跡があるはずがないと、最近までは考えられてきた。ところが、どっこい、遺跡は存在していたのである。ごくごく最近になって、発掘・調査された本町《もとまち》遺跡が、それである。

大河の乱流するほとりに形成された自然堤防のうえに、この遺跡は位置していた。この旧河道にそって伸びる筋状の微高地のうえには畑が造成されている。周囲を取り囲む旧河道の低地には水田が造成されているから、一目瞭然の違い

●中尊寺西物見から衣川地区を望む

である。なるほど、ここならば、少々の洪水にあってもしのげないことはない。

遺跡のなかからは、平泉時代の墓域が発見されている。溝によって区画された方形の敷地内に分布する土壙墓《どこうぼ》（墓穴）群のなかに、かわらけや中国渡来の銭貨が副葬《ふくそう》されている。周辺には、畑の畝《うね》の跡も検出されている。人びとが暮す住宅施設もあったらしい。

それらの人びとは、北上川の舟運に従事して、物資の搬入を受けもっていたとみられている。

そればかりではない。北上川東岸に広がる沖積低地が束稲《たばしね》の山裾《やますそ》に接する月《つき》館《だて》・長島《ながしま》の辺りにも、平泉時代のかわらけや和鏡《わきょう》（花枝双雀鏡《かしそうじゃくきょう》か）が出土している。この辺りにも、都市平泉の生活をサポートする施設があったのではないだろうか。

衣川地区のポテンシャル

衣川《ころも》を越えた北方は、安倍《あべ》・清原《きよはら》両氏の柵《さく》・館《たち》があった重要な地区である。かつての中心地区である。それらの柵・館の遺跡はいまだに発見されていない

▼**長者原廃寺**　金売吉次《かねうりきちじ》の屋敷跡と伝えられてきたが、発掘・調査によって、本格的な寺院跡であることが判明した。築地塀に囲まれた区画の中心に、本堂跡を想わせる基壇《きだん》・礎石《そせき》が残されている。塔や南大門《なんだいもん》の礎石もあった。安倍氏または清原氏による建立と考えられている。

●──**長者原廃寺跡**

が、長者原廃寺《ちょうじゃがはらはいじ》▲の遺構が発掘されて、堂々たる伽藍《がらん》のたたずまいを想像させてくれる。

この地区には、奥六郡《おくろくぐん》の境界に位置して、南北二つの世界を媒介する交易の拠点となるにふさわしい条件が備えられていた。この地区に安倍・清原両氏の柵・館が設営された背景には、そのような地理的条件があったと考えられている。平泉時代には、都市の中心に位置する倉町《くらのまち》の辺りに交易の主役を奪われることになるが、この地区にも、それなりの役割が残されていたとみられる。それならば、斉藤利男氏のように、安倍・清原両氏の時代にさかのぼって、商業地区としての賑わいがあったと考えても差支えがないかもしれない。そして、平泉時代にも、それなりの賑わいが残されていたと考えられるかもしれない。

だが、今のところ、それだけの遺物・遺構は発見されていない。瀬原《せわら》・接待《せったい》館《だて》ほかの遺跡から、平泉時代の渥美《あつみ》・常滑陶器《とこなめとうき》・かわらけ類が発見されているだけである。今後における発掘・調査の進展に期待するほかはない。この地区には、鎌倉期以降に、六日市場《むいかいちば》・七日市場・八日市場などが展開していたことが知られる。宿《しゅく》や古宿の地名も残されている。それによっても、商業地区とし

●——源義経画像

てのポテンシャルが、この地区に潜在していたことを想定することができるであろうか。

義経最期の地

衣川地区に設営されていた民部少輔《みんぶのしょうゆう》藤原基成《もとなり》の「衣河館《ころもがわのたち》」に関する情報は、いまだにえられていない。基成は、京都藤原氏の名門に生まれ、陸奥守《むつのかみ》・鎮守府将軍を兼務した大立者《おおだてもの》であった。その後、秀衡に招かれて、平泉の人となり、秀衡の舅《しゅうと》として、絶大な発言力を保持していた。秀衡の死後には、泰衡の岳父《がくふ》として、後見人として、あらゆる相談にあずかっていた。泰衡の政権は、基成によって支えられていたといっても過言ではない。その基成の宿館《しゅくかん》は、衣川地区にあって、都市平泉の中心部における秀衡・泰衡のそれに匹敵《ひってき》する重要な政治拠点になっていた。それによっても、安倍・清原両氏の時代における中心地区としてのポテンシャルが、当時も失われずに保持されていたことが察知される。

源義経《よしつね》は、秀衡の遺言によって、奥州《おうしゅう》の大将軍として、鎌倉殿頼朝に対抗すべく、平泉政権の首班に祭り上げられて、基成の「衣河館」に傅《かしず》き養われることになった。『吾妻鏡《あずまかがみ》』に記されているとおりである。基成や泰衡の変心によって、義経が殺害されなければ、そして平泉が鎌倉殿頼朝に攻められなければ、「衣河館」は奥州大将軍義経の宿館、すなわち奥州幕府の在所《ざいしょ》として、歴史に記録されることになったにちがいない。それなのに、義経が高館《たかだち》に住まいし、高館で殺害されたという伝承が生まれたのは、なぜなのか。不思議でならない。いずれにしても、これほどに重要な「衣河館」のありかがわからないというのは、もったいない。もしかすると、接待館の辺りが、それにあたるのかもしれない。残された築地《ついじ》跡などによっても、それらしい雰囲気がかもしだされている。八重樫氏が指摘されているとおりである。だが、誤りなきを期すためには、今後における発掘・調査の進展を待つほかはない。

平泉特別広域都市圏

平泉館は、多賀城《たがじょう》の国司館《こくしのたち》にならぶ第二の政庁になった。平泉は、多賀城の府中《ふちゅう》（陸奥国府の都市域）にならぶ第二の中心都市になった。十二世紀における陸奥国が、二つの都市によって統御されるありさまは、楕円形が二つの焦点によって統御されるのに類似していた。この楕円形の譬《たと》えは大石直正氏によるものだが、何度繰り返しても新鮮味を失わない。うまいものである。

府中の場合には、在所の宮城《みやぎ》郡を分割して、特別行政区として独立させて、特権的な地位を保証する措置がとられていた。そのうえに、在庁官人《ざいちょうかんじん》(現地行政スタッフ)のトップを占める留守所《るすどころ》長官には、府中の全域から上がる税収が給与されていた。その経済的な権益のおよぶ範囲を、「高用名《こうゆうみょう》」と呼んでいる。ナンバーツーの陸奥介《すけ》には、同じく宮城郡を分割して設定された八幡荘《やわたのしょう》から上がる税収が給与されていた。そのほかの官人らにも、在庁給田ほかが割り振られて、近辺の村・郷に散在していた。宮城郡は、総体として、府中をサポートすべき特別の郡として、国制のなかに位置づけられていたのである。

都市平泉の場合には、保《ほう》という特別な行政区に編成されていたことが知られる。保というのは、特別の公共目的(大義名分《たいぎめいぶん》)に税収を振り向けるために、国司の手を介することなく、自主的に徴税することが認められた特別な行政区であった。どちらかといえば、荘園《しょうえん》に近い存在であった。それならば、国司の監督に従う必要がない。平泉の独立性を確立するためには、それが一番ということであったろうか。

ただし、いかなる公共目的を掲げて、いかなる口説き文句をもって、いかなる規模の礼物《れいもつ》（賄賂《わいろ》）をもって、いかなる政治的・宗教的権威を借りて、国司に迫り、保設立の認可を取りつけることに、平泉館の当主が成功したのか。それについては、不明である。

そのうえに、平泉の膝下《ひざもと》をかたちづくる広大な領域にも、保が設立されて、国司の監督から逃れ、都市生活を強力にサポートする態勢が整えられていた。こちらの場合には明確な記録が残されていて、比叡山延暦寺《ひえいざんえんりゃくじ》の千僧供《せんぞうく》の費用にあてるなど、掲げられた公共目的の内容を察知することができる。

公家《くげ》（藤原宗忠《むねただ》）の日記、『中右記《ちゅうゆうき》』には、陸奥国住人の清衡が、「山千僧供」（比叡山延暦寺の千僧供）を開催する財源をえるために、七〇〇町の田地を囲い込んで、保を立てたことが記されていた。そのために国司とのあいだに武力紛争が起きたとも記されていた。源有宗《ありむね》が陸奥守の一〇九八（承徳《しょうとく》二）年の辺り、すなわち清衡が平泉の宿館を構える前後から、田地の囲込みが始められていたともいう。

「寺塔已下注文《じとういかちゅうもん》」には、清衡が三三年間に、わが朝《ちょう》(日本)の延暦・園城《おんじょう》・東《とう》大《だい》・興福《こうふく》などの寺々から震旦《しんたん》(中国)の天台山《てんだいさん》▲にいたる寺ごとに、千僧を供養《くよう》したことが記されていた。園城・東大・興福など、京都周辺の諸大寺が、延暦寺にならんで、中世日本国における代表的な寺院であったことについてはいうまでもない。震旦の天台山が、東アジア世界における仏教の総本山《そうほんざん》だったことについても、また然りである。それらの寺々における千僧供の開催も、鎮護国家《ちんごこっか》の公共目的を掲げるものであったからには、延暦寺に同じく、清衡による保設立の大義名分に利用されることになったにちがいない。僧一人に砂金《さきん》一両、一〇〇〇人ならば砂金一〇〇〇両。一カ所の供養だけでも、たいへんな出費である。それでも、保設立の認可がえられ、都市平泉をサポートする態勢がえられるならば、もうけものである。そのように、清衡は胸算用《むなざんよう》していたにちがいない。

内外にわたる千僧供の開催は、その本来の宗教的な目的(鎮護国家)ばかりでなく、清衡の国際的な評価を高からしめ、清衡の政権が平和的に存続できる国

▼天台山　中国浙江《せっこう》省寧波《ニンポー》市の近郊に位置する。山々に囲まれた別天地に、数多く寺院が展開していた。隋《ずい》・唐《とう》の時代から、仏教(天台宗)の聖地として知られ、日本からも、最澄《さいちょう》ほか、大勢の留学《るがく》僧《そう》が訪れた。天台山国清寺《こくせいじ》が現存して、伝統を維持している。

際的な環境を創出する目的にも、役立つことになった。そのうえに、広大な領域を囲い込んで、それらの保を設立し、都市平泉をサポートする目的にも、役立つことになった。一石二鳥どころか、一石三鳥の巧妙な手段である。清衡の世界戦略、恐るべし、といわざるをえない。

それらの保は、都市平泉が在所とする磐井《いわい》郡を分割するような形で設立されていた。鎌倉期以降に確認される黄海《きのみ》・奥玉《おくたま》・興田《おきた》などの保は、その後身であったろうか。

それればかりではない。磐井郡には、摂関家《せっかんけ》領高鞍荘《たかくらのしょう》も立てられていて、都市平泉の当主による特別な監督がおよぼされていた。磐井郡は、総体として、都市平泉をサポートすべき特別の郡として、すなわち平泉特別広域都市圏として、国制のなかに位置づけられていた。そのようにいっても差支えがない。

さらにいえば、胆沢《いさわ》・江刺《えさし》・気仙《けせん》など、磐井郡に隣接する諸郡、ならびに都市平泉の外港ともいうべき牡鹿湊《おしかのみなと》があった牡鹿郡などについても、平泉特別広域都市圏に準じて考えることができるかもしれない。平泉藤原氏の滅亡後に、その権益の大部分を継承することになった奥州惣奉行《そうぶぎょう》葛西《かさい》氏▲が、磐井・胆

▼奥州惣奉行葛西氏　平泉藤原氏にかわって、奥州の軍事・警察を取りしきるべきことが、御家人《ごけにん》葛西清重《きよしげ》に命じられた。それ以来、葛西氏は代々、奥州惣奉行として、都市平泉に駐留し、鎌倉殿頼朝にあたえられた任務を遂行することになった。

●──葛西清重が給与された「五郡二保」

沢・江刺・気仙・牡鹿に、黄海・興田を加えた「五郡二保」を給与されたことによっても、それが裏づけられるであろうか。

骨寺村絵図の世界

同じく、都市平泉を取り囲む磐井郡ほかの諸郡には、多くの寺領・寺僧領が公領を割《さ》いて編成され、ないしはあらたに開発されることになった。それらの村々から上がる年貢によって、中尊《ちゅうそん》・毛越寺《もうつうじ》ほかの大伽藍をサポートし、都市平泉の繁栄を祈念することが可能になった。

たとえば、磐井川をさかのぼった山中に位置する骨寺村《ほねでら》(今は一関市《いちのせき》厳美町《げんび》本寺《ほんでら》地区)では、中尊寺経蔵別当蓮光《きょうぞうべっとうれんこう》に率いられた延暦寺・日吉社《ひえ》系列の天台聖《てんだいひじり》らが入来して、中川(檜山川《ひやま》)の灌漑用水を用いた大々的な水田開発を推進している。そのために、村外の住人が招きよせられて、開発地の辺りに住み着いている。佐藤姓ほかを名乗る彼ら外来の住人は、鎌倉後期にいたるまで、作田在家《さくだざいけ》と呼ばれる集団をかたちづくって、自家の農業に従事するかたわら、経蔵別当の佃《つくだ》(直営田)耕作に奉仕することになった。

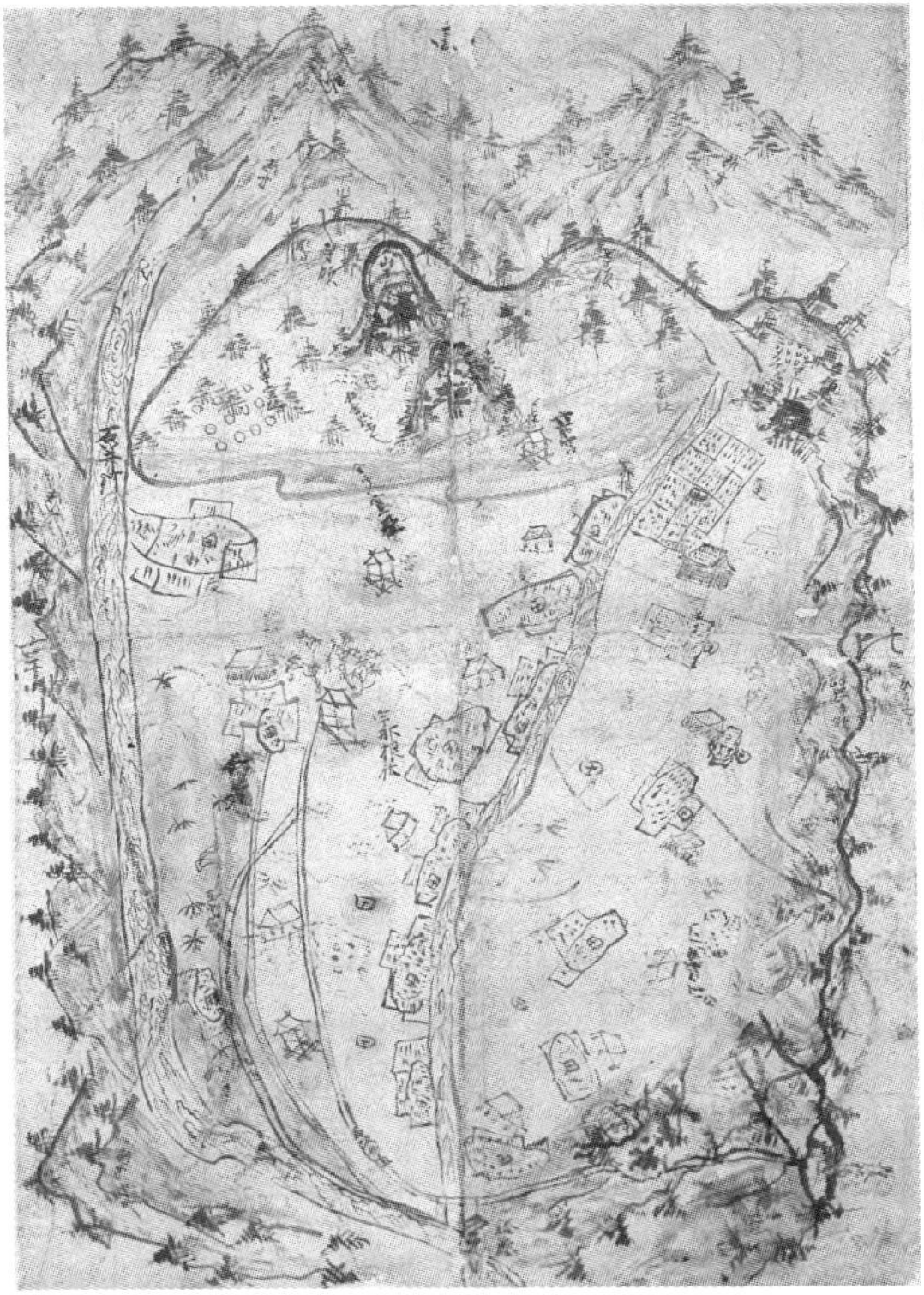

●―骨寺村絵図

●―空からみた絵図の中心部分（本寺地区）

同じく、真坂《まさか》(馬坂)新道が開削されて、村外に通じる、ひいては中尊寺に通じる交通ルートが整備されている。そのうえに、村に入る峠の辺りに慈恵《じえい》(元《がん》三《さん》)大師《だいし》▲の堂が建てられ、中川の水源にあたる奥山に山王窟《さんのういわや》▲がまつられ、村内に祭料田《さいりょうでん》が設定されるなど、村全体が天台宗(延暦寺・中尊寺)の色彩に染め上げられてしまった。骨寺村が、中尊寺経蔵別当の「私領」として、すなわち余人の干渉を許さない特別の領地として、世間に認められるにいたったのは、当然の結果といえようか。経蔵別当の「御休所《おやすみどころ》」が村の真中に設営されているのは、そのなによりの証明といえようか。

大々的な水田開発が推進される以前から住み着いていた古くからの住人がいなかったわけではない。彼らは、宇那禰社《うなねしゃ》▲の湧水に頼る小規模な水田を耕作するかたわら、山畑で桑を植えるなどの生活を営んでいた。首人《おびと》と呼ばれる小首長が、彼らの共同体を統率するとともに、宇那禰社の祭りが、彼らの共同体意識を高揚させていた。平《たいら》ほかの姓を名乗る彼ら古くからの住人は、鎌倉後期にいたるまで、田屋敷在家と呼ばれる集団をかたちづくって、上層農民としての地位を維持することになった。首人や宇那禰社も、それなりの存在感を保ち続

▼慈恵大師　平安中期の天台座《てんだいざ》主《す》(十八代)。延暦寺の中興の祖とあおがれる。法名は良源《りょうげん》。正月三日に入滅《にゅうめつ》したので、元三大師とも呼ばれる。

▼山王窟　山王神をまつる洞窟。山王神の本来は、中国天台山国清寺を守護する伽藍神であった。比叡山延暦寺では、日吉社に山王神(権現《ごんげん》)がまつられて、上下の信仰を集めている。全国各地の天台宗寺院にまつられる日吉社ないしは山王社は、それにならったものである。

▼宇那禰社　古くから信仰されてきた水神。稲作の守り神。かつては全国的にまつられていた。いまでも、東北地方には、宇那禰社が多く残存している。雲南社・雲南権現ほかの表記もされている。

けることになった。

大石直正・吉田敏弘ほかの諸氏による積年の研究成果に、自分なりの見方を加味して、取りまとめるならば、おおよそ、このようなことになるであろうか。

そのような鎌倉後期における骨寺村の景観を臨場感あふれる筆致で描いた貴重な絵図が、中尊寺に伝えられている。二枚の骨寺村絵図がそれである。その景観が、大きく損なわれることなく、今なお、生命力を保ち、中世村落の生きた姿をみせてくれている。国の史跡に指定されるにふさわしい、さらには人類全体の文化遺産として登録されるにふさわしい貴重な歴史の現場である。骨寺村の生活と都市平泉の繁栄がセット関係にあるものとして、人びとに認識されるようになったならば、どんなに、うれしいことであろうか。

世界文化遺産登録をふまえて

平泉藤原《ひらいずみふじわら》氏は、一一八九（文治《ぶんじ》五）年、鎌倉殿頼朝《かまくらどのよりとも》の大軍に攻められて、滅亡することになった。だが、それによって、都市平泉もまた滅亡することになったのかといえば、けっしてそうではない。都市平泉は、戦災にあうことなく、無傷のまま生き残ることができた。中尊寺《ちゅうそんじ》・毛越寺《もうつうじ》・無量光院《むりょうこういん》、それに倉町《くらのまち》や高屋通《たかやどおり》のメイン・ストリートなど、ほとんどの都市景観が損なわれることなく、鎌倉殿に引き継がれることになった。それ以降、都市平泉は、鎌倉幕府《ばくふ》の管轄下におかれて、それなりの繁栄を維持することになった。

藤原氏の滅亡に際して炎上させられたのは、唯一、平泉館《ひらいずみのたち》ばかりであった。『吾妻鏡《あずまかがみ》』には、泰衡《やすひら》が北走するに急で、平泉館に放火するにとどまったかのよ

●─泰衡の首桶

うに記されている。だが、真実は違っていたようだ。合戦《かっせん》に敗れた武将《ぶしょう》はみずからの居館《きょかん》を焼いて立ち退くというのが、当時の作法《さほう》であった。その作法に、泰衡も従ったものらしい。都市平泉を焼こうなどとは、初めから考えていなかったらしい。たいした見識である。鎌倉殿にしても、都市を消滅させようなどとは、まったく考えていなかったらしい。それどころか、中尊寺・毛越寺ほかの維持・管理を繰り返し命令している。寺を壊せば藤原氏の怨霊がこわいということがあったとしても、それなりに評価できる。立派な見識である。

しかし、鎌倉期を過ごし南北朝期《なんぼくちょう》に入る辺りには、奥州《おうしゅう》における政治的・経済的中心としての位置付けが失われ、都市平泉は、多賀城《たがじょう》の府中《ふちゅう》とともに、衰退の兆候を示すことになった。その間に、中尊寺・毛越寺・無量光院ほかの大《だい》伽藍《がらん》も、失火や兵火によって失われていった。最後に残るは金色堂《こんじきどう》ばかり、という状態になってしまった。

平泉には、京都・奈良・鎌倉ほどには、多くの古い建物が残されていない。そのかわりに、平泉には、多くの浄土庭園の遺構が残されている。藤原秀衡《ひでひら》の平泉館の遺構(柳之御所遺跡)が発掘によって姿をあらわしている。金鶏山《きんけいざん》や北《きた》

●──遺体から復元された秀衡像

上川《かみ》・高館《たかだち》・束稲山《たばしねやま》など、美しい景観にもめぐまれている。そのうえに、高屋の発掘である。すなわちメイン・ストリートにそって展開する経済・通商センターを想わせる貴重な遺構の発掘である。これによって、中尊・毛越寺ほかの宗教ゾーンばかりではない、平泉館の行政センターばかりではない、都市平泉の全体像をよみがえらせることができる見通しになった。そのうえに、都市近郊の暮しのかたちも、よく保存されている。世界に数ある遺跡のなかでも、これほどまでに、都市の全体的なあり方を垣間《かいま》みせてくれる古い事例は存在しない。さらにいえば、金色堂には、藤原氏四代の遺体(ミイラ)が眠り続けている。人びとの暮しを見守ってくれている。信仰の対象として、今に人びとの心中に生き続けている。このような主人公の遺体が保存されていることは、数ある都市遺産のなかでも、きわめて珍しく、学術的にも貴重である。

●——写真所蔵・提供者一覧（敬称略・五十音順）

荒木伸介（復元監修）・岩手県立博物館（所蔵・提供）　p. 34
石山寺　p. 78
板垣真誠（イラスト）　カバー表, p. 3上
岩手県　p. 15右, p. 25, p. 47中右
岩手県（所蔵）・平泉町文化財センター（提供）　p. 12, p. 23, p. 82（温石）
（財）岩手県文化振興事業団埋蔵文化財センター　p. 13左, p. 15左, p. 18, p. 24左, p. 82（木簡・将棋の駒・毬打の毬・人面墨書土器・形代・呪符）, p. 83
川嶋印刷　p. 52下, p. 85下右・下左, p. 97下
国（文化庁）保管・平泉町文化財センター　p. 47中左
仙台市博物館　p. 43左
田中家（所蔵）・中央公論新社『日本絵巻大成 8　年中行事絵巻』より　p. 80
中尊寺　カバー裏, p. 56, p. 57, p. 61, p. 69, p. 71, p. 89, p. 97上, p. 101, p. 102
東京国立博物館　p. 81
唐招提寺・渡辺義雄（撮影）・岩波書店『奈良六大寺大観　唐招提寺 1』より　p. 76
独立行政法人国立公文書館　p. 58
平泉町文化財センター　扉, p. 8下左, p. 11, p. 14, p. 19, p. 24右, p. 26, p. 29, p. 38下, p. 47下右・下左, p. 62下, p. 74, p. 75, p.82（碁石・北宋銭）, p. 84, p. 86, p. 87, p. 88
東京大学名誉教授 故藤島亥治郎（復原設計・監修）・平泉文化史館（所蔵・提供）　p. 31, p. 60左
北海道大学植物園・博物館　p. 43右
毛越寺・川嶋印刷　p. 1, p. 35下右・下左, p. 41, p. 42
著者　p. 16

佐々木邦世『平泉中尊寺 —— 金色堂と経の世界』吉川弘文館, 1999年
平泉遺跡調査会『中尊寺 —— 発掘調査の記録』中尊寺, 1983年
藤島亥治郎監修『中尊寺』河出書房新社, 1971年
藤島亥治郎「平泉中尊寺の構想と現実」『建築史学』30, 1998年
丸山仁「平泉藤原氏と鎮護国家大伽藍一区」『六軒丁中世史研究』8, 2001年

④—地下からよみがえる都市生活の風景

岩手県埋蔵文化財センター『志羅山遺跡発掘調査報告書』2001年
冨島義幸「平泉の都市空間と仏教建築」『都市・平泉 —— 成立とその構成』日本考古学協会2001年度盛岡大会研究発表資料集, 2001年
羽柴直人「平泉の都市景観をめぐって」入間田宣夫・本澤慎輔編『平泉の世界』高志書院, 2002年
本澤慎輔「十二世紀平泉の都市景観の復元」『古代文化』45－9, 1993年
本澤慎輔「平泉の庭園遺構」『都市・平泉 —— 成立とその構成』日本考古学協会2001年度盛岡大会研究発表資料集, 2001年
前川佳代「都市平泉の構造」『白い国の詩』553, 2002年
吉田歓「白河・鳥羽・平泉」『平泉文化研究年報』2, 2002年

⑤—都市近郊の暮し

相原康二「平泉遺跡群の現状と課題」『都市・平泉 —— 成立とその構成』日本考古学協会2001年度盛岡大会研究発表資料集, 2001年
大石直正「中尊寺骨寺村の成立」『東北学院大学東北文化研究所紀要』15, 1984年
大石直正「陸奥国の荘園と公領 —— 鳥瞰的考察」『東北学院大学東北文化研究所紀要』22, 1990年
三浦謙一・佐藤嘉広・女鹿潤哉「衣川流域における古代末期遺跡の分布調査」『岩手県立博物館研究報告』20, 2003年
吉田敏弘「骨寺村絵図の地域像」葛川絵図研究会編『絵図のコスモロジー』下, 地人書房, 1989年

世界文化遺産登録をめざして

朝日新聞社編『中尊寺と藤原四代』中尊寺学術調査報告書Ⅰ, 1950年
中尊寺編『中尊寺御遺体学術調査最終報告書』1994年

の柳之御所跡』吉川弘文館, 1993年
川本重雄「寝殿造の絵画資料」平泉文化研究会編『奥州藤原氏と柳之御所跡』吉川弘文館, 1992年
菅野成寛「都市平泉の宗教構造 ── 思想と方位による無量光院論」平泉文化研究会編『奥州藤原氏と柳之御所跡』吉川弘文館, 1992年
菅野成寛「平泉の宗教文化」入間田宣夫・本澤慎輔編『平泉の世界』高志書院, 2002年
平泉町教育委員会『柳之御所跡発掘調査報告書』1994年
文化財保護委員会『無量光院跡』埋蔵文化財発掘調査報告書3, 1954年
本堂寿一「所謂蝦夷館から柳之御所まで」『歴史評論』535, 1994年
八木光則「奥六郡安倍氏から奥州藤原氏へ」入間田宣夫・本澤慎輔編『平泉の世界』高志書院, 2002年
吉田歓「武士の館の構造 ── 侍所について」『平泉文化研究年報』3, 2003年

②─毛越寺・観自在王院の辺り

入間田宣夫「平泉藤原氏の北方交易」『白い国の詩』504, 1998年
菅野成寛「平泉出土の国産・輸入陶磁器と宋版一切経の舶載 ── 二代藤原基衡と院近臣」平泉町教育委員会『柳之御所跡発掘調査報告書』1994年
藤島亥治郎編『平泉　毛越寺と観自在王院の研究』東京大学出版会, 1961年
前川佳代「平泉の鎮守」『古代文化』45－9, 1993年
八重樫忠郎「平泉藤原氏の支配領域」入間田宣夫・本澤慎輔編『平泉の世界』高志書院, 2002年
八重樫忠郎「平泉文化にみる北と南」『平泉文化研究年報』3, 2003年

③─中尊寺造営の理念

石田一良「中尊寺建立の過程にあらわれた奥州藤原氏の信仰と政治」東北大学『日本文化研究所研究報告』別巻2, 1964年
入間田宣夫「中尊寺造営にみる清衡の世界戦略 ── 寺塔已下注文の記事について」『宮城歴史科学研究』42, 1997年
及川司「12世紀前半期の平泉」『都市・平泉 ── 成立とその構成』日本考古学協会2001年度盛岡大会研究発表資料集, 2001年
川島茂裕「中尊寺供養願文の研究史と毛越寺説」『富士大学紀要』31－1・2, 32－2, 1998・2000年
菅野成寛「中尊寺金色堂の諸問題」『岩手史学研究』71・72, 1988・89年

●──参考文献

全体に関するもの

入間田宣夫『中世武士団の自己認識』三弥井書店, 1998年
入間田宣夫・豊見山和行『日本の中世５　北の平泉, 南の琉球』中央公論新社, 2002年
入間田宣夫・本澤慎輔編『平泉の世界』高志書院, 2002年
入間田宣夫『平泉藤原氏と南奥武士団の成立』歴史春秋出版, 2007年
入間田宣夫編『平泉・衣川と京・福原』高志書院, 2007年
大石直正『奥州藤原氏の時代』吉川弘文館, 2001年
大石直正ほか『日本の歴史14　周縁から見た中世日本』講談社, 2001年
小林清治・大石直正編『中世奥羽の世界』東京大学出版会, 1978年
斉藤利男『平泉 ── よみがえる中世都市』岩波新書, 1992年
高橋富雄『奥州藤原氏四代』吉川弘文館, 1958年
高橋富雄『藤原清衡』清水書院, 1971年
高橋富雄『平泉』教育社歴史新書, 1978年
高橋富雄『奥州藤原氏 ── その光と影』吉川弘文館, 1993年
高橋富雄『平泉の世紀 ── 古代と中世の間』ＮＨＫブックス, 1999年
高橋富雄・三浦謙一・入間田宣夫編『図説　奥州藤原氏と平泉』河出書房新社, 1993年
東北大学東北文化研究会編『奥州藤原史料』吉川弘文館, 1958年
『都市・平泉 ── 成立とその構成』日本考古学協会2001年度盛岡大会研究発表資料集, 2001年
『平泉町史』総説・論説編, 1988年
平泉文化研究会編『奥州藤原氏と柳之御所跡』吉川弘文館, 1992年
平泉文化研究会編『日本史の中の柳之御所跡』吉川弘文館, 1993年
藤島亥治郎『平泉建築文化研究』吉川弘文館, 1995年

①─平泉館・加羅御所・無量光院の三点セット

入間田宣夫「平泉館はベースキャンプだった」『歴史手帖』197, 1991年
入間田宣夫「みちのくの都のくらしを復元する ── 平泉」佐原真編『ものがたり　日本列島に生きた人たち』１遺跡・上, 岩波書店, 2000年
岩手県埋蔵文化財センター『柳之御所跡』1995年
小野正敏「中世みちのくの陶磁器と平泉」平泉文化研究会編『日本史の中

日本史リブレット18

都市《とし》平泉《ひらいずみ》の遺産《いさん》

2003年7月25日　1版1刷　発行
2021年9月5日　1版6刷　発行

著者：入間田宣夫《いるまだのぶお》

発行者：野澤武史

発行所：株式会社 山川出版社

〒101－0047　東京都千代田区内神田1－13－13
電話　03(3293)8131(営業)
　　　03(3293)8135(編集)
https://www.yamakawa.co.jp/
振替　00120-9-43993

印刷所：明和印刷株式会社

製本所：株式会社 ブロケード

装幀：菊地信義

Printed in Japan ISBN 978-4-634-54180-1

日本史リブレット 第Ⅰ期［68巻］・第Ⅱ期［33巻］ 全101巻

1 旧石器時代の社会と文化
2 縄文の豊かさと限界
3 弥生の村
4 古墳とその時代
5 大王と地方豪族
6 藤原京の形成
7 古代都市平城京の世界
8 古代の地方官衙と社会
9 漢字文化の成り立ちと展開
10 平安京の暮らしと行政
11 蝦夷の地と古代国家
12 受領と地方社会
13 出雲国風土記と古代遺跡
14 東アジア世界と古代の日本
15 地下から出土した文字
16 古代・中世の女性と仏教
17 古代寺院の成立と展開
18 都市平泉の遺産
19 中世に国家はあったか
20 中世の家と性
21 武家の古都、鎌倉
22 中世の天皇観
23 環境歴史学とはなにか
24 武士と荘園支配
25 中世のみちと都市
26 戦国時代、村と町のかたち
27 破産者たちの中世
28 境界をまたぐ人びと
29 石造物が語る中世職能集団
30 中世の日記の世界
31 板碑と石塔の祈り
32 中世の神と仏
33 中世社会と現代
34 秀吉の朝鮮侵略
35 町屋と町並み
36 江戸幕府と朝廷
37 キリシタン禁制と民衆の宗教
38 慶安の触書は出されたか
39 近世村人のライフサイクル
40 都市大坂と非人
41 対馬からみた日朝関係
42 琉球の王権とグスク
43 琉球と日本・中国
44 描かれた近世都市
45 武家奉公人と労働社会
46 天文方と陰陽道
47 海の道、川の道
48 近世の三大改革
49 八州廻りと博徒
50 アイヌ民族の軌跡
51 錦絵を読む
52 草山の語る近世
53 21世紀の「江戸」
54 近代歌謡の軌跡
55 日本近代漫画の誕生
56 海を渡った日本人
57 近代日本とアイヌ社会
58 スポーツと政治
59 近代化の旗手、鉄道
60 情報化と国家・企業
61 民衆宗教と国家神道
62 日本社会保険の成立
63 歴史としての環境問題
64 近代日本の海外学術調査
65 戦争と知識人
66 現代日本と沖縄
67 新安保体制下の日米関係
68 戦後補償から考える日本とアジア
69 遺跡からみた古代の駅家
70 古代の日本と加耶
71 飛鳥の宮と寺
72 古代東国の石碑
73 律令制とはなにか
74 正倉院宝物の世界
75 日宋貿易と「硫黄の道」
76 荘園絵図が語る古代・中世
77 対馬と海峡の中世史
78 中世の書物と学問
79 史料としての猫絵
80 寺社と芸能の中世
81 一揆の世界と法
82 戦国時代の天皇
83 日本史のなかの戦国時代
84 兵と農の分離
85 江戸時代のお触れ
86 江戸時代の神社
87 大名屋敷と江戸遺跡
88 近世商人と市場
89 近世鉱山をささえた人びと
90 「資源繁殖の時代」と日本の漁業
91 江戸の浄瑠璃文化
92 江戸時代の老いと看取り
93 近世の淀川治水
94 日本民俗学の開拓者たち
95 軍用地と都市・民衆
96 感染症の近代史
97 陵墓と文化財の近代
98 徳富蘇峰と大日本言論報国会
99 労働力動員と強制連行
100 科学技術政策
101 占領・復興期の日米関係